JN408723

한밤중의 돌고래 쇼

이연분 시집

문학공원 시선 166

한밤중의 돌고래 쇼

이연분 시집

문학공원

시인의 말

10년의 세월은 강산을 변화시킨다는데 2집을 낸 지 10년도 더 되는 나의 시 쓰기는 변한 것이 없다.

여전히 엄마 얘기 남편 얘기, 아이들 얘기, 그리고 이루지 못한 사랑 얘기

그 사이에 아버님을 떠나보내고 엄마를 떠나보내고 딸아이를 시집보냈다.

그리고 이제 남편은 시력을 잃어 조기 퇴직을 했다.

늦은 나이에 공부한다는 핑계로 모든 것에 소홀했다.

아직은 청춘이라고 말할 나이에 이 눈부신 세상을 볼 수 없는 남편에게 속죄하듯 이 시집을 바친다.

2020년 1월 새아침

이 연 분

차례

시인의 말 ……… 5

1부. 여자를 접는 밤

턱 ……… 12
바람에게 길을 묻다 ……… 13
관음송의 관심법 ……… 14
우울한 도시를 건너는 법 ……… 15
낙엽에게 말을 걸다 ……… 16
웃음을 튀겨내다 ……… 17
수술실 앞에서 ……… 18
임플란트 ……… 19
폭포에서 ……… 20
한밤중의 돌고래 쇼 ……… 21
팽목항의 봄 ……… 22
여자를 접는 밤 ……… 23
물 먹는 하마 ……… 24
어떤 휴가 ……… 25
근황 ……… 26
오십견 ……… 27
정거장에서 ……… 28
그날이 어제처럼 지나간 즈음 ……… 29
내 안의 가면 ……… 30
뼛속의 붉은 시 ……… 31

2부. 폭우를 견디다

고아 삼형제 ……… 34
폭우를 견대내다 ……… 36
잡은 물고기 ……… 37
아버지를 빌리다 ……… 38
부러진 굽 ……… 39
한강의 손을 잡고 ……… 40
카멜레온 ……… 41
우기에 들다 ……… 42
우리 말 남의 말 ……… 43
마지막 퇴근 ……… 44
암세포의 이력 ……… 45
4월의 하늘이 퉁퉁 부었다 ……… 46
눈 뜨고 싶은 섬 ……… 47
홀로서기 ……… 48
카톡 친구, 한 분 추가하고 싶다 ……… 49
목련 ……… 50
트레비 분수 ……… 51
신년하례회 ……… 52
물오르다 ……… 53
소금꽃으로 피는 밤 ……… 54
저 홀로 닫히는 문 ……… 55
쪽지 한 통 ……… 56

차례

3부. 내가 가야 할 길

겨울 연가 ……… 58
3월의 눈 ……… 59
흘러가는 강물처럼 ……… 60
새해 ……… 61
가라, 특별한 슬픔이여 ……… 62
청령포에서 ……… 64
사랑을 닦다 ……… 65
나의 은평 ……… 66
가을의 책무 ……… 67
아버지의 제삿날 ……… 68
날개를 손질하다 ……… 69
내가 가야할 길 ……… 70
작은 약속 ……… 72
풀잎 밥상 ……… 74
그냥 웃다 ……… 75
당부하다 ……… 76
로또복권 ……… 77
광해, 왕이 된 남자 ……… 78
애써 의미를 부여하다 ……… 79
태풍에 관통당하다 ……… 80
12월의 연가 ……… 81
12월의 편지 ……… 82
엄마는 부재중 ……… 83
12월의 노래 ……… 84

4부. 지금 연애 중

억새꽃 연가 ········· 86
남남 ········· 87
봄밤 ········· 88
나뭇잎 별서別書 ········· 89
그리움도 말라가다 ········· 90
11월의 고독 ········· 91
침묵을 배우다 ········· 92
내 사랑 칸나 ········· 93
화인火印 ········· 94
엎드리는 이유 ········· 95
가벼워진다는 것 ········· 96
꽃향기 수첩 ········· 97
지금은 연애 중 ········· 98
비 오는 창가에서 ········· 99
밤바다에서 ········· 100
낙엽의 노래 ········· 102
3월의 바람 ········· 103
옆구리 ········· 104
꽃에게 말을 걸다 ········· 105
벚꽃 진 뒤에 ········· 106
가을 연인 ········· 107
뒷모습 ········· 108

차례

5부. 사랑에게 길을 묻다

신부 입장 ········· 110
사랑에게 길을 묻다 ········· 111
꽃은 피고 지고 ········· 112
여기 다시 모여서 ········· 114
사랑의 폴더를 클릭하며 ········· 116
사랑의 꽃밭 ········· 118
꽃피우는 어머니 ········· 120
종금씨 ········· 122
엄마 학교 ········· 123
해맑게 만나자 ········· 124
첫 발자국 ········· 126
은혜로운 칠순 ········· 128
스토리가 있는 여자 ········· 130
사랑으로 하나 되어 ········· 132
아버님 영전에서 ········· 134
아버님 사랑합니다 ········· 136
응원가 ········· 138
시詩의 연鳶 ········· 139
새해의 소망 ········· 140

작품해설
이미지화를 통한 추상의 알레고리 재현 / 김순진 ········· 142

1부

여자를 접는 밤

턱

친구의 아들이 서울대에 합격했다
몇몇 지인들 불러서 턱을 냈다

친구의 딸도 대기업에 취직했다
그 사람들 다시 모여 턱을 받았다

턱은 자꾸만 턱을 낳아
얼마 후 남편도 승진했다

합죽할미라도 되었을까 궁금한 저녁
잘 자란 턱을 들고 친구가 찾아왔다
녹번동에서 신림동까지의 통학거리가 아까워
하숙집을 구해주느라 분주한 턱
오늘은 갈비탕 속에서 수다가 끓고 있다

기초공사가 잘못되었을까
나의 턱은
작은 하품에도 우두둑 소리가 나고
이따금 알 수 없는 눈물이 고이곤 한다

턱 턱 턱 숨이 막힌다

바람에게 길을 묻다

스치는 바람 한 줄기
흩날리는 목련 꽃잎으로
뒤뜰이 환하다
먼 길 떠나신 아버지 모습이
들춰보는 낡은 사진첩 속을 빠져나와
그 목련 나무 아래 서성이는 한낮
짧은 봄날의 햇살 속으로
헐렁해진 기억들을 호명하듯
꽃잎은 자꾸만 떨어져 쌓인다
바람의 결에 기억을 얹고
또다시 길을 묻고 싶은 봄날이다

관음송의 관심법

청령포는 붉은 울음소리로 흐른다
두 갈래로 갈라진 소나무에 올라앉아
오열하다 누운 저 소리
한 마리 학처럼 날고 싶어 쑥쑥 자라 오른
그 세월의 나무 아래
사람들은 단종의 눈물을 읽고 있다
하늘로 치솟은 영혼은 그늘도 키를 세우는데
한양 땅은 그림자도 없고
수백 년째 강물을 퍼내도 청령포는 마르지 않는다
오직 궁을 향한 그리움으로 붉어진 껍질에
오후의 낮달은 또 하루의 밑줄을 긋고
사람들의 마음을 읽어낸 관음송은
여전히 슬픈 말소리를 듣는다

우울한 도시를 건너는 법

함부로 웃자란 생각을 자르듯 머리를 자른다
굵기가 다른 헤어롤을 굴리며 웃는 헤어디자이너
뻐근한 통증 뇌신경에 전달되고
빙빙 돌아가는 열기구 앞에 나는 죄인처럼 앉아있다

당신은 그 시간에 무엇을 하고 있었습니까
심문하듯 뜨거워지는 전열기

쪼그라진 뇌는 오늘을 언제까지 기억할 수 있을까
붉은 살코기라도 먹어야 하나
하나 둘 켜지는 정육점 불빛
아무렇지 않은 듯 거리를 밝히고
이 환한 도시를 건너갈 수 없어 잠시 주춤거린다

툭 툭
발밑에 떨어진 머리카락
그 무게만큼 가벼워진 걸음으로 거리를 나서는 밤
나도 아무렇지 않은 듯 발을 옮긴다

낙엽에게 말을 걸다

한 생을 건너온 바람이 나뭇잎을 흔든다
해독되지 않는 모르스 부호
타전할 수 없는 것들 발아래 쌓인다

아무도 돌아봐주지 않는 이 나무 아래
얼마나 많은 사람들이 쉬어가고
얼마나 많은 사람들이 애태웠을까

ㅅ ― ― · (쓰 쓰 돈)
ㅏ · (돈)
ㄹ · · · ― (도 도 도 쓰)
ㅏ · (돈)
ㅇ ― · ― (쓰 도 쓰)

사랑이라는 한 마디 전하기 위해
손이 젖은 낙엽에게 말을 건다
그 길목에서 만났던 사람
창백한 잎으로 지는데

웃음을 튀겨내다

어린이 대공원 후문 뻥튀기 아저씨
쌀 몇 알에 양푼만한 뻥튀기를 튀겨내며
잘도 웃는다
수만 볼트의 전류가 흐르고
또 그 이상의 온도가 올라간 다음엔
자동으로 뻥뻥 튀겨지는 과자
맨 처음 거짓을 만들어내기까지
사람의 마음도 저랬을 것이다
작은 거짓말 여러 번 튀겨내며
용광로 같은 번민 있었을 것이다
그 속에서 데이고 상처 난 흉터 어루만지며
또 다른 거짓을 잉태하는 저녁
수천 수백도의 고독을 껴안고
뻥이요 부끄러운 듯 노을이 진다

수술실 앞에서

청구성심병원 306호
수술실로 들어간 아들 대신 신발 한 켤레만 남았다
덩그런 고요
밤 열시 넘는 어둠 숨 가쁘다
더 이상은 다가갈 수 없음을 암시하는 저 문
한때 저 문 안에 들어간 적 있었다
몇 날을 배 아파 뒹굴며 터진 맹장을 안고 누웠던 자리
호스 박아 짜내던 고름처럼 끈적거리는 순간이 고인다
울퉁불퉁한 흉터를 기억해내며 모아지는 손
오래전의 엄마도 이랬을 것이다
말하지 않아도 알아버리는
저 모성

임플란트

한 오십 년 쓰고 나니
내 것이면서도 마음대로 할 수가 없다
치과 의자에 누워
바보처럼 입 벌리기를 몇 시간
빠져나간 빈 공간에 인공뼈가 채워진다
나사못이 조여진다
아이 셋 낳으며 뼈마디 다 물러나고
시부모 친정 부모 간병에 애태웠을 뿐인데
마음보다 먼저 잇몸 욱신거린다
"고생하셨습니다
이제는 더 이상 속 끓일 일 없을 겁니다"
염증약과 진통제를 처방해주며
여의사는 어깨를 다독인다
무엇이든 잘 씹을 참한 사람 만드는 건
녹록지 않다는 걸 깨닫는 시간
얼얼해진 입안에 눈물이 고인다

폭포에서

새들은 폭포의 목젖을 지나고
나는 당신의 뜨거운 심장을 지납니다
새들은 맑은 알을 기르며 폭포 뒤에 살고
나는 고운 사랑을 꿈꾸며 당신 속에 삽니다
사랑한다는 거친 호흡 아래 떨어져 내리는 것들은
그대로 다 기쁨이 되고 희망이 되고
또 하나의 반짝임이 되어 겨울 하늘을 빛내고 있습니다
억겁의 생을 돌고 돌아
무수한 바람 사이를 뚫고 달려온
사랑이라는 이 기막힌 떨림 뒤에 서 있는 당신도
내 마음의 별이 되어 추운 겨울을 녹이고 있습니다
이과수폭포보다 더 세차게 떨어져 내리는 당신의 사랑
그 깊은 울림을 다시 또 보았기에
나는 오늘도 잔 물방울 되어 당신을 일으킵니다

한밤중의 돌고래 쇼

술 취해 잠든 남편이 고래소리를 낸다
수족관을 벗어나
태평양 어디쯤 헤엄치다가
드르렁드르렁 코를 벌름댄다
세상 따윈 무서운 게 없다
큰소리 뻥뻥 치던 허세
깊은 밤으로 추락할 즈음
이렇게 한 번씩 고래가 되는 것은
떠나온 고향이 그리워서일까
엎어진 몸을 누이니
바다냄새가 출렁댄다
이따금씩 공중회전도 마다않고
불룩한 배를 보여준다
튀어 오를 때마다 떨어지는 물방울이
이마에 내천川자를 그리며 사라진다

팽목항의 봄

오열을 토해내며 깊어가는 밤
어둠 속의 여인이 손을 내민다
허공에 닿는 무감각의 촉감
살아서 돌아오라
제발 모두 다 살아서 돌아오라
부디 한 사람이라도 살아서 돌아오라
진도 앞바다에 조명탄이 터지고
산천초목도 신호를 보내지만
수신되지 않는 전파
더 기다려야 하나
간절한 마음으로 불러보는 이름
팽목항의 봄은
꽃이 아니라 슬픔이 피어난다

여자를 접는 밤

침대는 또 흥건히 젖었다
초경을 하는 소녀처럼 붉어진 얼굴
곤히 자는 남편이
심보 사나운 상사처럼 밉다
사사건건 트집 잡던 늙은 여우
하루에도 몇 번씩 붉으락푸르락
하긴 문을 닫는 시간이 조용하면 쓰나
여자로 살다 여자를 접는데
접시 몇 개쯤은 깨져야 정상이지
집밖을 떠돌던 남편은
어느새 토끼보다도 더 순해져서
매일매일 풀을 받아먹고
스스로 쳐놓은 울타리에서 귀를 세우는데
승천하지 못한 용 한 마리
밤마다 이불 속에서 몸을 비튼다
오늘 밤 폭우가 쏟아지리라

물 먹는 하마

어둠이 물기를 털고 돌아간 시간
밤새 수행중인 이불을 갠다
툴툴 털어 이불장에 넣으니
물끄러미 바라보는 저 하마
얼마나 많은 얘기를 담았기에
저렇게 불룩한 것일까
핑크빛 뚜껑을 벗겨내고
담길 대로 담긴 얘기들 부욱 꺼낸다
순간 맛문한 남편의 얼굴
살아온 세월이 쏟아진다
말하지 못한 것들 가슴을 긁는다
삼천 배 정도는 하고 난 듯
지친 여름이 주저앉는다

어떤 휴가

결혼한 지 20년이 넘도록 우리의 휴가는 친정으로 시댁으로 문안 인사를 가는 것입니다 집안의 큰일이나 명절 때 말고는 찾아뵙지 못하는 죄스러움이 뜨거운 햇살로 쨍쨍 내리쬐어 올해의 여름도 익어갑니다 엄마 이번에도 할머니 집이야 누구는 마닐라로 3박4일 떠났다 그러고 또 누구는 세부에서 스쿠버다이빙 무료강습을 받는 중이고 또또 누구는 베트남 북부의 명승지 엔뜨 국립공원을 거닐고 있는 중이라고 친구의 이름이 몇 번이나 불리는 사이 우리는 서해안 고속도로 위에 발이 묶입니다 해외로 빠져나가지 못한 피서객들 사이에서 제법 근사한 바닷가라도 가는 양 썬크림을 덧바르기도 하고 쪼리 사이에 삐져나온 발가락을 고물거리기도 합니다 해마다 여름은 이렇게 물러가고 우리의 휴가도 내세울 것 없이 지나가지만 옥수수 잎을 스치는 바람 냄새 온몸에 감겨드는 서늘한 밤에는 봉숭아 꽃잎 물드는 소리 오늘도 도란도란 들려옵니다

근황

가질 수 없는 것들로 인해
밤마다 시달리던 불면의 밤
어쩌다 잠든 꿈 머리엔
내용도 알 수 없는 악몽이 어지럽고
잊어버려야지
지워버려야지
남아있는 모든 것 떠나보내야지
어기적거리는 마음을 달래 찾아간 미용실
세상의 근심을 모두 다 잘라내듯
그래 이렇게 쿨하게 잊어버리는 거야
이렇게 깨끗이 지워버리는 거야
그러나 남자처럼 짧아진 내 머리를 헤집으며
회한의 바람만 불고
첫사랑 그 사람을 떠나보낸 것이며
함부로 사람들을 믿어버린 일이며
다시 또 이렇게 아파하는 이유까지
왜 그렇게 모두 다 가슴을 죄어오지
문밖을 나서는 걸음마다 고이는
바람의 흔적들

오십견

외투를 벗기가 두려워진다
한 겹씩 얇아질 때마다 두꺼워지는 통증
깨지고 부서지고 다시 또 던지고
술 한 잔도 마시지 않은 내 몸이
술에 취해 싸우는 이웃집보다 소란하다
윗집 남자의 주사酒邪는 오늘도 이어지고
나는 밤마다 욱신거리는 몸의 얘기를 듣느라
돌아누울 수도 바로 누울 수도 없다
움직일 때마다 반응하는 우리 집 개 한 마리
오십이 된 집에서만 키울 수 있다는 이 개는
스트레스가 최고조에 달한 듯 견견 울부짖는다
이 개를 사 가실 분 공개 입찰합니다

정거장에서

너를 보내야하는 정거장에서
안녕이란 말은 푸른 가시 같았다
삐죽삐죽 돋아나는 새순들처럼
그것은 서로 다투듯이 자랐고
정말로 네가 떠나야 하는 시간
억세고 굵은 가시 하나가
내 심장 속으로 걸어 들어왔다
너와의 거리는 멀어져가고
가시는 점점 내게로 온다
이제 다시는 볼 수 없는데
가시는 날마다 나를 찌르고
돌고 돌아 온몸을 찌르고
나는 지금 위험한 짐승이다

그날이 어제처럼 지나간 즈음

살아가는 것이 어디 기쁨뿐이랴
어둠을 달려오는 대숲의 바람들이
폐허 같은 내 안을 엿보고 있다
키만큼이나 커다란 고독을 들이밀며
덩어리진 몽울을 만지고 있다

오늘 하루쯤은 흔들리는 숲으로 울어주리라
찰나의 기억까지 모조리 끄집어내
폭풍 속의 나무처럼 울어주리라

너와 나의 가슴에 소통되지 않는
뿌리 채 뽑힌 자작나무들
그 한 잎의 잎새처럼 파리해져서
나는 또 시름시름 앓고 있다

사랑으로 시작되어 아픔으로 끝나는
그날이 어제처럼 지나간 즈음

내 안의 가면

레오나르도다빈치의 최후의 만찬에 나오는
예수와 유다의 얼굴은 한 사람의 모습
웃고 있는 천사의 얼굴과
인상을 쓰는 악마의 두 얼굴을 들여다본다
내게 있는 얼굴 중에 선하고 부드러운
그래서 늘 편안하고 넉넉한 그런 얼굴과
내게 있는 모습 중에 모질고 삐딱한
그래서 늘 굳어 있고 쓸쓸한 얼굴이
오늘은 저 그림 속에 서 있다
누군가 모르는 사람이 나를 바라볼 때
나는 어떤 표정으로 그들을 볼까
예수와 유다 유다와 예수
내 안에 공존하는 두 개의 가면으로
날마다 연극하는 이 푸른 슬픔이여

뼛속의 붉은 시[1)]

비 오는 초저녁 낙짓집에 앉아
남편은 술 한 잔을 내게 권한다
오래 걸어서 먼지 나던 길 위에
빗물처럼 스미는 축축한 연민
몸통과 다리 제각기 분리되어
빨갛게 범벅이 된 낙지볶음처럼
남편의 오늘은 위태했을 것이다
젓가락 맞춰 들어 올려
입안 가득히 넣으니
우적우적 씹히는 말 못할 슬픔
아, 내 생애 이토록 매워본 적 있을까
온몸과 마음속까지 붉히며
진정으로 힘에 겨워 울던 적 있을까
고단한 하루를 흥건히 마신 이 밤
뼛속에서 붉은 시가 흐르고 있다

---

1) 기형도 시인의 「입속의 검은 잎」에서 제목을 차용하다

2부

폭우를 견뎌내다

고아 삼형제

아프리카 우간다 루솔에라 마을
공사장에서 벽돌을 옮기고 있는 삼형제[2]를 보았다
일곱 살 모세스, 아홉 살 티프, 열한 살 파우시
함께 살날을 생각하며
하루 종일 일한 세 사람의 몫은 겨우 1,400원
나는 마시던 커피를 차마 내려놓는다

"아줌마 물도 떠오고 청소도 설거지도 끝났는데
좀 쉬어도 될까요"
뿔뿔이 흩어져 돌아간 움막집
티프의 고단한 하루가 눈칫밥을 먹는다

부모님이 잠들어있는 곳
온 가족이 함께 살던 집이 있던 곳
잡초 무성한 빈터에 솥을 걸고
1년 만에 함께 먹는 삼형제의 만찬
마토케[3] 행복

아직도 생생한 아이들의 터진 뒤꿈치
진흙탕 속에 서서 웃고 있는 아이들
헐값에 사 온 바나나의 검은 상처 같다

---

2) EBS 글로벌 프로젝트 나눔 방송에 나오는 아프리카의 삼형제
3) 마토케 : 요리용으로 쪄서 먹는 바나나

TV 속의 경계를 넘나드는
저 깊고도 선명한 아픔에
내려놓았던 커피는 싸늘하게 식었다

폭우를 견뎌내다

살다보면 때론
온몸으로 비를 받아내야 할 때가 있다

이미 젖어버린 저녁이
아무 일도 아니라는 듯 저무는 밤
제발이라는 기대는 얼마나 부질없는 슬픔인가

뒷문으로 들이치는 비바람은
엄마의 부고를 적시고
또다시 앞문으로 보내야 했던 딸의 결혼식

생의 한 부분이 움푹 패인 것 같은 시간 속에서
간밤의 폭우를 견디고
머리를 풀고 선 버드나무처럼

살다보면
온몸으로 비를 받아내야 할 때가 있다

잡은 물고기

사람이 왜 그렇게 다르냐 투덜대는 내게 잡은 물고기 밥 주는 것 봤느냐고 남편은 말했다 물의 흐름에 따라 눈치 보며 견짓대에 월줄을 감아 미끼를 던져놓고 밑밥도 적당히 던져주는 것은 연애할 때나 하는 것이라고 아무도 피하는 법을 가르쳐주지 않아 입질 몇 번에 덜컥 붙잡혀와 그물에 갇혀 산 지 30년이 되었다 남편은 나를 초고추장에 찍어 먹고 내장을 빼내 완전히 말리기도 호일에 싸서 구워 먹거나 튀김가루에 굴려 기름에 튀겨내기도 하며 오래도록 고소한 맛을 즐겼다 그러나 입맛대로 골라 먹는 남편을 원망하며 지나간 시간을 돌이켜보니 물고기로 잡혀 와 바둥거리고 산 것은 내가 아니라 남편이었다 입질만 하며 찌를 물었다 놓았다 30년 세월 동안 나는 견짓대를 가지고 놀았다 밑밥만 건드리며 살살 약을 올리곤 했다 연애하는 시간은 물고기를 잡는 것 나는 오늘도 잡은 물고기에 밥을 주며 삶의 비늘을 줍는다

아버지를 빌리다

아버지 돌아가신지 30년도 지났는데
다시 내 앞에 서 있는 아버지
말복 더위쯤 아랑곳하지 않고
열반에 든 부처처럼 고요하다
잘 익은 닭다리 오물거리며
커다란 살점 하나 뚝 떼어 건네면
천도[4]인 듯 즐거운 새아버지
이승으로 불어오는 바람 어디쯤
우리는 날개를 부딪친 것일까
모기 한 마리 귓가에 머무는데
어느새 가까워진 새아버지
진짜 아비 되어 내 앞에 서 있고
뚝배기 안에서 뜨겁게 익는 기원
얘야 네 곁엔 내가 있단다
다시 돌아온 아비가 있단다
마지막 더위는 이렇게 물러가고

---

4) 천도(天道) : 삼선도의 하나. 중생들이 윤회하는 길의 하나인 천상 세계로, 육욕천 · 십팔천 · 무색천을 통틀어 이르는 말.

부러진 굽

아랫배에 힘을 주고 왼쪽발로
중심을 잡아도 자꾸만 기울어진다
퇴근길 부러진 구두 굽 하나가
절뚝거리며 내 생을 휘젓는다
세 아이 출산 때마다 부풀어진 몸무게
그 무게를 지탱해오며
아는 길 모르는 길
마다하지 않던 나의 신발은
남몰래 얼마나 울었을까
앞장섰던 날들
절름발이가 되고서야 돌아본다
부러진 구두 굽처럼 휘청거린다

한강의 손을 잡고

해맑게 만나자 생명의 미소여
순간순간은 영원으로 이어지고
우리들 여기 두 손 잡았다
이웃에게 보내는 따뜻한 눈빛처럼
상처를 보듬으며 서 있는 오늘
너는 어머니고 아버지고 우리들의 부모다
평생토록 돌보고 아껴줘야 할
자랑스런 우리들의 핏줄이요
국토의 대동맥 숨 쉬는 혈관이다
협심증도 동맥경화도 찾아오지 않는
오로지 해맑은 아이의 눈빛이다
북한강과 남한강이 손을 잡고
한 곳으로 흘러 한강으로 모여들 듯
우리도 너에게 다가가 손을 내민다
생명수요 동반자요 휴식의 공간이여
우리의 손을 잡아다오
무엇이든 다 이루어지리
무엇이든 다 껴안아주리
낮은 곳으로 흘러 우리의 주인 되는
그대 싱싱한 강물 너와 나의 한강이여

카멜레온

삼성의료원 암 병동 병상에서 아버지 주무신다
깨워도 깨워도 내려앉는 눈꺼풀
그 깊은 잠 어디다 숨기고 새벽마다 약수를 떠왔을까
어제의 아버지와 오늘의 아버지는 전혀 다른 빛깔이다

다 들어간 수액을 갈아 끼우며 간호사는 돌아서는데
몇 병의 눈물을 더 담아내야만
화내고 짜증내고 웃고 기뻐하며 우리 손을 잡을까

지금은 봄날
긴 혀를 내밀어 먹이를 잡으러 가요 아버지
나뭇가지를 단단히 잡고 끈끈한 액을 뿜어보아요
세 뿔 달린 카멜레온 되어 아프리카를 누벼야지요

그러나 잠에 취한 아버지는 여전히 똑같은 색
변하지 않는 카멜레온 한 마리 절벽에 붙어 있다

우기에 들다

어둠이 물기를 털고 돌아갔다
나는 눅눅해진 이불 속에서
두 눈을 감고 수행중이다

참선하던 베개도
아직은 일어날 때가 아니라는 듯
공손하다

밤새 윙윙대던 모기 한 마리
바짝 엎드려 손을 비빈다
내 귓속에 들려오던 소리
까마득하다

저렇게 빙빙 돌던 사람이 있었다
캄캄한 그때
손 잡아주지 못한
모기 한 마리
잡으려는 순간 사라져가는

우리 말 남의 말

곤색치마는 어울리지 않아요
진남색 옷을 한 번 입어보세요
시보리가 잘 되어있는 스웨터보단
조르개가 예쁜 윗옷을 입고
사방사방 달려보는 거예요
바지 끝을 가부라를 해달라는 아저씨
받접단된 바지가 멋스럽다니까요
가다마이 뽐내며 지나가봤자
홑자락 양복에 비길라구요
우라가 좀 삐져나왔다면
안감을 한 번 살펴보아요
에리를 세우고 가는 것보다
깃을 좀 올려보면 어떨까요
쉿 우와기는 아무데서나 벗지 마세요
상의는 우리의 자존심이거든요
오늘 저녁은 여기서 시마이
문 닫을 시간이니 이제 마감할게요
시아게는 필요없어요
마무리는 근사한 우리말로 할거니까요
예그리나[5] 온새미로[6] 라온하제[7]

---

5) 예그리나 : 사랑하는 우리 사이
6) 온새미로 : 자연 그대로, 언제나 변함없이
7) 라온하제 : 즐거운 내일

마지막 퇴근

아무 말도 할 수 없었다.
남편도 아무 말을 하지 않았다
어두운 하늘에선 싸락눈이 내리고
괘종시계만 저 혼자
덩그렁덩그렁 고요를 깨웠다
그 소리 따라
낡은 보일러는 울음을 돌렸다
정지 버튼을 눌러보았으나
작동되지 않았다
가만히 기다려주었다
보일러 수리공도 없이
더듬벅거리며 동작은 중지되고
바람벽에 기대어 멈췄던 바람만
현관문을 따라 불어닥쳤다
30년 세월이 덜컹거렸다

암세포의 이력

아버지 가시고 1년 만에
어머니는 위암을 얻으셨다
검붉은 선혈처럼 응고되는 시간들
사진 속 아버지도 웃음을 잃고 관세음을 찾는다
사십구재를 지내며 손 모으던 바람
주지스님의 기도도 무색해지고
혼자 삭인 어머니의 세월은 겨울행이었을까
몸속에서 도려낸 암세포의 이력
어머니의 한숨처럼 골이 깊다
저 암 덩어리가 제 모습을 갖출 때까지
우리는 어디서 무얼 했을까
떼어낸 위의 크기에 놀라며
서로의 눈물을 가슴에 담는다

4월의 하늘이 퉁퉁 부었다

기도하고 기도하고 또 기도하고
기다리고 기다리고 또 기다리고
오늘도 해는 저물었구나

차가운 물속 깊은 곳에서
너의 목소리는 파도에 실려 가고 말았다
어디에 있니
애끓는 심정이 허공에 떠돈다

돌아오렴 돌아오렴 돌아오렴
이 밤도 불러보는 너의 이름
이 밤도 기다리는 너의 모습
천길 바다 속엔 눈물 고이는데
피눈물 흘러 출렁거리는데

이승 아니면 저승에서라도
이생 아니면 후생에서라도
차마 놓을 수 없는 희망의 끈을
너는 어디서 잡고 있느냐

어둠도 목이 쉬어 새하얀 밤을 지샌다

눈 뜨고 싶은 섬

갈매기 떼 날아오르는 백령도
북방 한계선
뱃고동 소리 울려퍼진다

눈앞에 있는데 다가가지 못하고
장산곶 마을은 안개에 갇혀
더 이상 길이 보이지 않는다

손을 내 저어
아무리 닦아내도
나타나지 않는 네비게이션

인당수 푸른 물은 어둠 속을 뚫고 와
연꽃으로 피어나고
백령도는 심봉사처럼 눈 뜨고 싶다

기암괴석들
나보다 먼저 와
기다림에 목을 빼고 서 있다

홀로서기

이젠 당신과 동행할 수 없는 길이지
나 혼자서도 씩씩하게 하나 둘 하나 둘
처음부터 오지 않았던 사랑처럼
처음부터 시작하지 않았던 이별처럼
아무렇지 않게 아무렇지 않게
봄은 가까이에서 나를 찾아오는데
멀리서 멀리서만 서성여야하는
아지랑이 속 이 가물거림
목련꽃 하얗게 손 흔드는 날
그대 잘 가오 그대 잘 가오
당신은 이제 먼 이방인
끝내 놓아야 되는 한 그리움

카톡 친구, 한 분 추가하고 싶다

돌아가신지 30년도 지났지만
사진 속 아버지는 아직 그 모습이다
그 씨앗으로 자라난 콩 줄기나
그 콩의 콩깍지는 모두 늙어 가는데
어쩌자고 아버지는 그대로일까
수신되지 않는 거리
안테나 높이 뽑아들고
스마트폰으로 사진을 전송하면
팔순의 어머니도 나 몰라라
머리숱 다 빠진 오빠도 누구신지요
애 셋 낳은 펑퍼짐 아줌마 내 모습도 몰라보고
아버지는 종일토록 헷갈리실까
흑백으로만 얘기되는 세상 속에서
짧은 생을 마감한 당신

아버지 친구 추가 한 번만 눌러주세요
가족사진 한 장 카톡으로 보내렵니다

목련

소문을 들은 건 어젯밤이었다
너만 알고 있어
소곤소곤
귀가 간지러웠다
잠에서 깨어보니 나무에 매달린 무수한 말
북쪽을 향해 소리치고 있었다
소문은 삽시간에 퍼져나갔다
걷잡을 수 없는 꽃불이었다
며칠 후 한바탕 소나기가 다녀갔다
그 말들 우수수 떨어졌다
언제 그랬냐는 듯
새로운 소문이 세상을 덮었다

트레비 분수

로마로 다시 돌아가고 싶지 않아
그래도 뒤돌아서 동전은 던졌지
너도 빌고 나도 빌고
파문처럼 번지는 탄성들 사이로
젤라또 아이스크림이 녹아든다
하루에 수거되는 3,000유로의 동전은
문화재 관리에 힘쓴다는데
소매치기가 판치는 로마의 도시는
누가 일으켜 세우나
전쟁을 마치고 돌아온 병사여
이 한 모금의 물을 마셔라
봄이 지나간 겨울의 문턱에도
건강과 풍요는 넘치리라
그러나 나의 연인은 될 수 없겠지
로마로 다시 돌아가고 싶지 않아
오른손으로 던진 동전 세 개의 운명이
왼쪽 어깨너머로 빠져나가는 저녁
마지막 행운은 찾아올까

나는 지금 이혼하고 싶은데

신년하례회

저마다 가슴에 꽃을 꽂고
모여드는 사람들
일순간 피어오르는 저 향기를 보아라

서로의 이름을 불러주며
두 손을 잡으며
우리들의 축제는 비로소 시작된다

지나버린 시간을 뒤돌아보지 않고
들썩이는 어깨너머로
솟아오른 태양

말의 씨앗 주고받으며
다시 새해는 시작되는가

만나는 사람마다 구순해지는 하루
곰살궂은 햇살도 손을 내민다

물오르다

서울에서 금산까지
188.3km의 수다 떨었는데
돌아오는 길도 할 말 있다
꽃송이로 피어나는 이야기
사월은 연애 중인가
바람이 지날 때마다 깔깔거린다

눈 닿는 곳마다
꽃잎 한 겹의 떨림조차 알아채는
너와 나 우리의 사랑
죽은 나뭇가지에 생명 돋듯
내 몸 물이 오른다

소금꽃으로 피는 밤

내 안에서
그리움을 펴내가는 일엔
낮과 밤의 구분이 없다

몇 번이고
몸살 나듯 왔다가는 절망
아직도 밤은 소금꽃으로 하얗다

마흔을 넘어
이순의 이름에도
칠월의 햇살은 사랑을 가져올까

간밤의 나는
긴 호흡 속에 한숨을 재워
열꽃 나는 이별을 두려워했다

저 홀로 닫히는 문

무엇이라고 쓸까
자유롭기를
기쁘기를
시간은 즐거이 가기를
그리고 그대를 기다리길

무엇이라고 쓸까
어둠 속에서 어둠이 보이지 않는데
빛이 빛을 덮어
눈물이 눈물을 덮어
죽음이 죽음을 덮는데

무엇이라고 쓸까
친구야 일어서라
어둠이여 밝아라
죽음이여 저리가라

정말 무엇이라고 쓸까
아무도 없는데
저 혼자 문이 열렸다 닫힌다

쪽지 한 통

"큰 돈 들이지 않고 가볍게 일억 만들기 프로젝트"
하루 일억 출금자 뮤자기 만네요 빨랑 오세요
늦으면 다른 분들이 다 가져가요 지금 정신 없어요"
무심코 열어본 쪽지 한 통
일억 만들기 프로젝트라니
빨리만 달려가면 일억을 잡을 수 있다니
받침도 띄어쓰기도 틀린 채 달려온 쪽지 한 통을
헛웃음 날리며 삭제하고도
복구할 수 없는 파일이 못내 아쉽다
미친 척 따라가 보기라도 할 걸
이를 악물고 달려보기라도 할 걸
그것도 아니면 맹한 얼굴로 들여다보기라도 할 걸
가끔은 울고 싶은 생
등록금 납부기일에 빨간 줄이 쳐있다

3부

내가 가야 할 길

겨울 연가

줄 수 있는 모든 것 너를 위해 내어주고
먼 산 바라보며 모르는 척 사는 동안
살 속까지 바람이 분다
잊어야하는 너를 기다리며
긴 밤 내내 부스럭거리지만
살갗 터진 시간은 아물 줄 모르고
너는 어디 꽃같이 숨었을까
더 이상 아무 것도 줄 수 없어
이 겨울 나는 잠 못 이루는데
온몸 으스러지도록 껴안는 그리움이여

3월의 눈

저토록 희고도 푸르게 그리운 이 있을까
아무리 생각해도 찾아오지 않는다
눈발로 흩어져 잊혀진 시간들이
속눈썹에 매달리다 떨어지고
계절을 가로질러 달려온 안부처럼
창밖엔 종일토록 눈은 내리는데
끝내 발자국 하나 찍히지 않는 밤
샤갈의 마을도 아닌데
3월에 눈이 오면
어느 아궁이에 불을 지펴 생각을 데울까
한겨울 폭설로 눈이 내려도
끝내 소식은 오지 않는다

내 맘으로 향한 발자국 하나 찍히지 않는다

흘러가는 강물처럼

또 한 계절이 비스듬히 서 있다
오랜 기다림처럼 깊어가는 강물이
머리를 맞대며 기대는 사이
우리도 생각에 잠긴 척
북한강과 남한강처럼 스며들었다
성한 곳 하나 없는 헤진 입안에
침이 고인다
그대와 나 맨 처음 발원은 어디쯤일까
태백산맥에서 시작돼
강원도 충청북도 경기도
그리고 다시 서울특별시를 거쳐
경기만으로 모여드는 한강처럼
스무 살 서른 살 마흔 살을 지나
우리는 한 방향으로 걸어가고 있다
살아있는 그날까지
어떤 구속이나 굴욕에도 굴하지 않고
낮은 곳으로 몸을 눕히는 저 숭고한 물결
나도 그대에게 흘러가는 강물이 되고 싶다
서로의 손 놓지 않는 강물이 되고 싶다

새해

지난해 겪었던 불신과 절망 미움과 분노 모두 잠재우고
붉은 햇덩이 통째로 껴안았습니다
산더미처럼 불어나는 한숨 파도에 휩쓸려 사라지고
철썩이며 다가오는 웃음만이 발밑을 맴돌며 노래합니다
해가 바뀌도록 한 번도 연락하지 못한 친구들의 얼굴과
자주 만났어도 속마음 열지 못한 사람들의 표정과
이따금 어울려 술잔을 기울이던 지인들의 마음이
오늘은 모두 둥근 해로 떠오릅니다
가까운 사람에게 덕담을 하며 입가에 미소 번지는 사이
햇살은 반짝이는 이야기를 길 위에 쏟아내고
거리는 다시 풍성해집니다
추워도 춥지 않은 따스한 날
돋보기 너머 크게 뵈는 활자처럼 새해 첫날은 축복입니다
펼쳤던 손 모으는 소망의 날입니다

가라, 특별한 슬픔이여

은희경 님의 수필 한 조각을 베어 문 입에서
절로 탄성이 나옵니다
나 자신의 불행은 특별한 일이라고 늘 그렇게 생각했지요
내 몫의 불행이 아니라
다른 사람의 불행을 걸머쥐고 있는 것이라고
내 몫의 불행뿐만 아니라
다른 사람의 불행조차도 껴안고 있는 것이라고
내가 지고 가야 할 슬픔 위에
다른 사람의 슬픔 덤으로 얹혀
나는 지금 허덕이며 생을 걷고 있는 것이라고
그래서 슬픔은 찬란했고
그래서 슬픔은 늘 당당했습니다
특별하지 않은 특별함으로
특별하다고 여기는 기막힌 변론
혹여 당신도 이 변론에 동조하십니까
당신의 슬픔도 특별합니까
딴전 피우듯 슬쩍 눙쳐보고 싶은
내가 받아들인 특별한 아픔들
내가 끌어안은 특별한 슬픔들
이제 그들을 돌려보냅니다
유유히 흐르는 탄성灘聲의 배에 싣고

2019년의 특별한 어둠 속으로
이제는 그들을 돌려보냅니다
새해에는 우리 특별하지 않은 관계로 만납시다
특별하지 않은 이름으로 만납시다

청령포에서

섬도 아닌 것이 바다도 아닌 것이
동쪽을 보아도 남쪽을 보아도
그리고 다시 또
북쪽을 보아도 모두 물길

단종의 유배지 청령포에는
지금도 나룻배 노를 젓는데
어린 단종은 보이지 않는다

망향탑 쌓아 올린 막돌 하나
청령포 뒷산 층암절벽을 오르고
육육봉 암벽만 험준하게 서서
그날의 고통을 대신하는 날

단묘유지비를 지나 금표비 가는 길도
관음송 눈과 귀 활짝 열렸다

사랑을 닦다

마디가 굵어진 손가락 위
때 묻고 가늘어진 반지를 닦는다
찰나의 기억까지 반짝이던
연애시절을 묶어놓을 줄 알고
크고 작은 흔들림
사소한 눈물까지도 담아내던 이 반지
빼어내고 싶었던 순간도 지나고
버리고 싶었던 시간도 지나서
지금은 다시 한 몸
몇 백 년 후에나 다시 불어올
아니 몇 천 년 후에도 다시 오지 않을
둥근 구속을 밀어 넣으며
장롱 깊숙이 넣어뒀던 보증서
내 인생의 다이아몬드를 정성껏 닦는다

나의 은평

지상에서 가장 아름다운 마을
은평의 하늘이 환히 열리면
손잡고 손잡고 노래 부르리

유월의 푸른 기운 도량에 넘치고
대추나무 한 주 진관사에 물들자
세상은 온통 초록빛 양탄자다

북한산 자락을 넘나드는 바람아
역사와 문학의 도시 은평을 일으키라
통일로 파발제 그 길을 따라
한국문학관 깃발 나부끼게 하라

우리의 은평은 날개를 펴노니
유월이여 다시 한 번 꿈을 이뤄라
소망이여 다시 한 번 날아올라라

가을의 책무

가을엔 들판을 거닐어볼 일이다
지나간 장마처럼 눅눅한 일상
툭툭 털어 말려볼 일이다
생각하면 눈물 나는 그런 얘기들
말갛게 헹궈 널어볼 일이다

가을엔 숲길을 거닐어볼 일이다
피아노 소리처럼 맑은 바람
서걱대는 가슴에 안아볼 일이다
한 사람을 위한 기나긴 노래
단풍처럼 새콤달콤 물들여볼 일이다

가을엔 하늘을 거닐어볼 일이다
어린 날 동화 같은 파란 희망
푸석거리는 마음에 심어볼 일이다
꽃 구슬 웃음 같은 고운 감성
구멍 뚫린 가슴에 키워볼 일이다

가을엔 들판도 하늘도 숲길도 하나 되어
알록달록 아름답게 익어갈 일이다
너와 나 모두 사랑하는 이웃 되어
너른 벌판처럼 살아볼 일이다
가을 같은 마음으로 젖어볼 일이다

아버지의 제삿날

오랜만에 참석한 아버지 기일에 술 한 잔 올리는데 너도 한 잔 하거라 다정한 음성이 들려옵니다 얼마나 반가우면 절도 마치기 전 술을 권할까 싶어 산적 위에 젓가락을 올려놓으니 빙그레 웃으시며 입을 훔칩니다 김치 한쪽에 막걸리 한 사발이면 족했던 아버지는 생을 접고 나서야 포식하는 것일까요 성주산 바람소리도 배부른 듯 잠잠해지고 앞산의 진달래도 꽃망울을 터뜨립니다 아들만 좋아하던 옛날의 아버지가 딸이 주는 술잔을 마다하지 않는 날 할아버지를 본 적 없는 손주들도 넙죽 절하며 졸린 눈을 부빕니다 밀린 얘기 향불로 타올라 그 먼 나라에도 전해지는지 부풀은 눈물 대신 이제는 모두 웃는 가족 잔칫날 사진 속 아버지도 풍경소리를 냅니다

날개를 손질하다

시 쓰는 일이 버거워지는 건
혼자 있는 시간이 부족한 탓이리라
토닥토닥 자판을 두들겨보아도
유명 시인의 시 한 줄만 나를 반길 뿐
내 삶의 문장은 가볍기만 하다
‘심리적인 갈등과 조바심이 생기는 날이에요
상대와 큰 대립이 생길 확률이 높으니
가족이든 동료이든 간에 말을 아끼고
부드러운 태도로 대해보세요’
오늘의 운세는 더욱더 힘들게 하고
행간 속을 떠도는 글자는 너무나 얌전하다
누가 내 속의 날개를 끄집어내려나
나무와 나무 사이 붉은 물감을 찍어 바르며
날갯짓하는 소리
온 몸으로 물드는 저녁 한 때

내가 가야할 길[8)]

비포장도로라고 망설이지 마렴
웅덩이도 지나고 돌부리에도 넘어지며
흙먼지 가득한 길을 따라가다 보면
푸른 숲 펼쳐진 초록의 길 닿으리니

우산도 받쳐 들고 눈보라도 이겨내며
우리 묵묵히 앞을 향해 걷다보면
햇살 쨍쨍한 봄날도 있으리니

더 걸어야 갈 수 있는 길이라면
더 뛰어야 닿을 수 있는 곳이라면
오늘도 우리 쉼 없이 달려가자

넘어진 친구 손도 잡아주고
상처 난 친구 소독도 해주면서
우리 함께 서 있을 먼 미래의 새 땅

벚꽃 피어나고 나비 날아드는
꽃잎의 숨결처럼 아름다울 내일 향해
다독이며 격려하며 힘차게 뛰어가자

---

8) 이 시는 2011년 국정교과서 초등학교 6학년 『생활의 길잡이』 교과서에 수록됨

아무리 험하고 힘든 길이라도
오늘 이 길은 내가 가야할 길
오늘 한 걸음은 꿈으로 향하는 길

작은 약속[9)]

생활계획표를 세웠습니다
깨워주지 않아도 스스로 일어나
붉은 태양처럼 활기차라고
아침 7시 빨강색으로 칠했습니다

학교생활은 주황빛으로 가득 담고
집으로 돌아와 숙제부터 하는 시간은
노란색으로 물들였습니다
환한 내 마음에 엄마의 미소가 번졌습니다

친구들과 함께 놀이터에서 놀 때는
건강하게 쑥쑥 자라라고 예쁜 초록빛을
위인전을 읽는 독서 시간은
꿈을 향해 달려가는 파랑색으로 채웠습니다

우리 집 식구 다 모이는 저녁은
하하 호호 남색으로 꾸미고
새근새근 꿈나라를 보랏빛으로 마무리하니
나의 하루가 무지개처럼 피어납니다

---

9) 이 시는 2018년 국정교과서 초등학교 3학년 『도덕』 교과서에 수록됨

빨주노초파남보 아름다운 길
나는 이 길을 날마다 걷겠습니다
알록달록 꿈꾸며 걸어가는 길
나와의 작은 약속입니다

풀잎 밥상

구순을 바라보는 어머니
고기반찬 한 점 없이 식사를 한다
가지나물도 시래기무침도
호박볶음도 무나물도 모두 다
손수 가꾼 텃밭의 채소들
웃음소리가 싱싱하다
골목을 지나던 바람도 싱긋
모자를 벗고 윙크한다
풀잎이 풀잎에게
고마워한다

그냥 웃다

그대를 떠올리는 일이
그대를 사랑하는 이 일이
꽃 한 번 피었다 지고 마는
바람의 웃음 같은 사사로운 거라고

돌아서면 그만 떨어진 꽃잎에
젖은 눈길 한 번 주는 거라고
누군가 내게 그랬을 때
나는 그냥 웃었습니다

봄은 봄대로
여름은 여름대로
국화 향 피고 지는 가을 언저리
눈꽃처럼 향기 나는 겨울나무 옷에도
그대는 언제나 꽃으로 피어
내 마음 곱게 물들였기에

조용히 그대의 가슴만 불러들여
사랑스런 눈길로 그렇게 웃었습니다

당부하다

한 발짝 한 발짝
잎새 끝 여린 마음 두근두근
라일락 꽃길 손잡고 걸어가면
사랑이었던가
마주 잡은 손 사이로 느껴져 오는
활짝 핀 햇살 같은 저 눈부심
바람만 불어도 흔들림에 닿는
21세기 불혹의 나이여
오래된 뭉툭함을 내다 버리고
이제 다시 꽃피고 싶네
그 꽃길 아래 손잡고 서서
내 사랑아
제발 안녕하기를

로또복권

태어나 한 번도 사보지 않은 복권을 무심코 사고 싶다
오래전의 500원짜리 주택복권이라든지
가격도 알지 못하는 로또복권이라든지
이름도 성도 모르는 각종 복권이란 복권은 다 사고 싶다
그리하여 수능시험 보는 그 추운 날
아침 일찍 당첨 소식이 들려오고
그 전파 그대로 딸애에게 전달돼
올 100의 기쁨 누리면 좋겠다
아니 허점 없는 만점보다는
아는 문제는 실수 없이 풀고
더러는 대충 찍었던 문제도 몇 개 맞았으면 좋겠다
늘씬하게 물오른 저 TV 속의 아가씨가
웃으며 돌려대는 행운의 숫자들을
우리 딸애한테 줄 순 없을까
아슬아슬하게 비켜가는 그런 숫자 말고
또르르 굴러 행운을 안고 오는
바로 당첨 바로 행복 바로 기쁨
풀리지 않는 수학 문제로 실랑이하고 있을
아이의 모습 눈에 선한 날
난생처음 복권 한 장 사고 싶다
행운의 숫자 가득 담긴 로또복권 하나 사보고 싶다

광해, 왕이 된 남자 10)

D열 24번 25번
영화발전기금 3%까지 내고
상암 CGV에 앉아있는 우리
정해진 시간만 허락 받은 채
스크린은 분주하다
한세월 거지처럼 살았던 생을 뒤로하고
가짜 왕이 되어 허둥대는 광해
이따금 폭소가 튄다
하얀 팝콘이 영화관에 가득하다
누구도 상상하지 못한 왕의 자리에서
광대처럼 춤추며 제 몸을 낮출 때
비로소 보이는 가난한 이웃들
서로의 지친 어깨 다독거리며
상암의 저녁이 깃을 접는다
단 돈 9,000원으로 왕이 된 당신
교환 및 환불은 불가능합니다

---

10) 2012년 9월 개봉된 영화

애써 의미를 부여하다

이상하지
잊는다고 생각하니
한낮의 이 더위도
가슴이 서늘해

참 이상하지
추억이라 말해보니
그리움만 한가득
눈물이 그렁해

정말 이상하지
그립다고 말 하니
바람 한 점 고요히
네 노래만 술렁거려

태풍에 관통당하다

밤새 네가 울고 간 나의 뜨락엔
팔 잘린 병사가 신음하며 걸어가고
더러는 다리가 부러진 채
더러는 앞 못 보는 봉사처럼
그나마 남아 있는 몇몇의 사람들은
전쟁 난 폐허 위에
엄마 잃은 아이처럼 헤매고 있다
산이 내려와 바다로 걸어가고
집이 무너져 땅으로 들어가고
그대와 내가 거닐던 거리조차
아무런 흔적 없이 강물이 되 버린 날
사랑 하나 믿고 살았던 사람들은
어둠 속에 통곡하며 피를 토하고
뿔뿔이 흩어진 꽃잎 같은 꿈들
구멍 난 하늘을 맥없이 바라볼 뿐
아무도 어쩌지 못하고 울고 있는 밤
나는 누구에게 총 칼이 되었느뇨

12월의 연가

12월이라는 말에서는
바람 냄새가 들리는 듯 하다
'12월' 하고 가만히 뇌어보면
그 바람 속에서 누군가가 달려와
오랫동안 익힌 열매를
차르르차르르 쏟아낼 것만 같다
톡톡 터지는 새콤한 그 맛에
나도 그만 입맛을 다시며
또 다른 누군가를 그리워할 것만 같다
한 달 내내 보고파 해도 모자라는 달
한 달 내내 그리워 해도 부족한 달
12월이란 말에서는
못내 아쉬운 사람들의 이름
자꾸만자꾸만 떠오를 것 같다

12월의 편지

마지막 한 모금
혀끝에 맴도는 커피 향처럼
나도 너를 감싸고 싶다
너의 품속에서 향기롭고 싶다
온 세상 가득히 그리움도 피어나고
푸르게 푸르게 돋아나는 사랑
그 고운 잎들로 하늘은 다시 높아가고
손 모으며 기도할 것들이
얼마나 가득한가
당신만이 사랑이라고
늘어진 음반에서 들려오는 소리
다시 또 꺼내보는 12월의 저녁
지나간 소리 바스락거리며
책갈피는 넘겨지고
멀리서 흐릿흐릿 눈이 나린다
나보다 더 많이 사랑한 이름들
허공에 나린다
호명되는 사람들 틈에서
나도 하나의 의미로 나풀대고 싶다

엄마는 부재중

시골집 텃밭에 풀이 무성하다
고추밭인지 풀밭인지 모를 정도지만
빨간 고추들이 듬성듬성 달렸으니 고추밭이다

쭈그려 앉아 풀을 뽑는다
메니큐어 바른 손톱에 금세 흙물이 들고
칠월의 열기 꿈틀거린다

깔끔하기로 따지면 아무도 따라갈 수 없는
반질반질 엄마의 젊음은 어디로 가고
이 한낮 풀만 자라는 것일까
호미에 딸려오는 잡풀 걷어내며
고추처럼 빨간 코를 푼다

무거운 저녁 해가 몸을 숨기면
서울까지 따라오는 달빛 한 줌에
눈이 시린 밤
고향집 풀벌레 일제히 운다

12월의 노래

지난날을 다시 돌아보는 달
하얀 눈꽃 같은 새날입니다
당신에게 얼마나 따뜻했냐고
그리고 또 얼마나 너그러웠느냐고
곱게 단장한 12월의 햇살
가슴 깊이까지 파고들면
부끄럽습니다
모노드라마의 주인공처럼
독백의 언어 그 햇살에 묻으며
너무 많이 외로웠을 당신의 영토에
미안하다는 씨앗을 파종합니다
스스로 겸허해지는 한 해의 끝자락
모닥모닥 피어날 내 마음의 열매에
비단결 같은 명지바람 볼을 비비며
사랑스런 눈길 보내오면
넉넉하고 포근한 감사의 인사
온몸으로 여물어 터뜨리는 12월
당신이 있어 진정으로 고맙습니다
당신이 있어 진심으로 행복합니다

4부

지금은 연애 중

억새꽃 연가

이렇게 흔들려 그대에게 갈 수 있다면
천 만 번 울어도 좋으리
가슴에 담은 바람의 숨결 끌어안으며
하염없이 그려보는 님의 모습
처음부터 나는 그대에 의해 흔들렸다
지금도 나는 그대에 의해 흔들리고
훗날에도 나는 그대에 의해 흔들릴 것이다
어쩌면 기억의 가지들 모두 꺾여
스스로 죽어가는 그 먼 뒷날에도
땅속 깊숙이 뿌리박힐 그리움
그대 그대라는 이름 그 하나의 사랑
나는 그대 때문에 하이얀 슬픔이 된다

남남

지워버린 것도
지워지지도 않았는데
당신은 이제 남으로 있다

그 어떤 것에도 운명을 걸지 못한
마른 꽃처럼 야윈 얼굴을 하고
사랑에 지친 표정을 하고

잊어버린 것도
잊혀지지도 않았는데
나도 당신의 남으로 앉아있다

봄밤

벚나무 가지에 물이 오르는지
수런거리는 소리 들려옵니다

말하지 않고는 견딜 수 없어
밤새 서성이는 봄

매화도 산수유도 입을 열고
개나리도 진달래도 톡톡 말을 겁니다

목련이 저마다 벙긋거리자 시샘하던
달빛에 뒤뜰 담벼락이 환해졌습니다

혼자 있는 것은 아무도 없습니다
당신의 손잡고 걷고 싶습니다

나뭇잎 별서別書

나뭇잎 몇 장 남은 은행나무에
심심한 바람이 놀러왔어요
온 몸을 흔들어 반기는 저 마음
팔랑거리는 잎새가 그대 맘 같아
나도 여기서 손 흔들어요
그대 향해 반갑게 손 흔들어요
혹여 그대 창에 바람 불거든
나인 듯 그대 웃어주세요
내 맘인 듯 그대 반겨주세요

그리움도 말라가다

포플러 이파리들이 바삭하게 늙어갑니다
함께 지쳐가는 어둠이 등을 토닥이고
누골 어디쯤엔가 매달려 있던 이름도
마른 가슴에서 떨어집니다
둥글게 웅크리고 있던 고독 눅눅해집니다

어둠이 습기를 털고 지나간 자리에
당신은 여전히 젊었습니다
긴긴밤 홀로 걷다가도 결국은 다시
품에 안고 돌아와 함께 눕고야 마는 당신은
언제나 내 사람이었습니다

그러나 낙엽이 쏟아지는 이 계절엔
당신도 우수수 지고 맙니다
그리움도 포플러 잎새처럼 말라갑니다
참 다행입니다

11월의 고독

이제 그만 헤어지기로 하자
여름 내내 푸르던 은행나무 잎
노란 손수건을 일제히 매달고
가을 한 철 흔들거린다
그대 안녕 그대 안녕히
한 잎의 낙엽이 떨어질 때마다
우수수 쌓여가는 울음의 흔적
보도블록 차가운 이마 위에
마지막 입맞춤 아직도 뜨거운데
사랑한 날들은 얼마나 됐을까
서로가 서로를 물들인 날
그 눈부신 기억은 어디까지일까

침묵을 배우다

길상사 뜨락을 거닐어보니 알겠네
침묵이 얼마나 향기로운 것인지
향기로운 것은 얼마나 말이 없는지
수선화 한 송이 꽃피우려
봄날은 소리 없이 웃고
나는 그대를 꽃피우려
말없이 이 봄을 건너네

길상사 뜨락을 거닐어보니 알겠네
함부로 뱉어낸 말은 돌이킬 수 없음을
입으로만 뱉어낸 수많은 말들은
나에게 다시 화살로 꽂힌다는 걸

소유하고자 애태우던 수많은 시간이여
침묵을 뒤에 두고 나는 견디네
그대만을 위한 한 뼘의 속삭임
맑고 향기로운 묵언을 배우네

내 사랑 칸나

사랑한다는 말이 꽃으로 피었다면
좋아한다는 말이 꽃으로 피었다면
꿈꾸던 열일곱 교정에서
날마다 붉어지는 칸나와 같으리

오랜 세월 못다한 그리움의 말들
그 빨간 입술로 전하고 싶어
온몸 마디마디 피어나는 열정이여

내 사랑도 칸나처럼 붉게 타올라
한 사람의 가슴을 설레게 하고
마음과 마음 비비대며 포옹하는
가을빛 동화처럼 아름다운 날

그립다는 마음이 꽃으로 피었다면
보고 싶다는 마음이 꽃으로 피었다면
첫사랑 이름처럼 곱디고운
끝없이 향기 나는 그 빛깔과 같으리

화인火印

책장을 넘기다 베인 손가락
괜찮겠지 생각했던 작은 상처가
오래오래 아프다
너를 만난 일
너와 헤어진 일
그 기억으로 다시
이 베임은 깊어간다
사소한 다툼으로
꽃피다 지고만 사랑
욱신거리는 이름 위에
주름살 깊은 슬픔이 앉는다
화인火印처럼 찍힌
선명한 눈물 하나

엎드리는 이유

청도의 구일 못 행사장 가는 길
납작 엎드린 보리를 보았다
푸르게 헝클어져 불어오는 바람과
그 바람에 업혀 오는 마지막 봄비
그리고 그 속에 젖어 드는 풍경
언젠가 나도 너의 품에서
저렇게 맥없이 쉬어봤으면
꺼끌한 상념 모두 다 눕히고
누렇게 누렇게 익어봤으면
차창 밖으로 멀어지는 보리밭에
갈 수 없는 그날처럼 바람이 인다

가벼워진다는 것

바람결이 참 아름다운 날
열어놓은 창문을 닫지 못했습니다
혹여나 당신이 못 오실까봐
혹여나 당신이 그냥 갈까봐

버리는 것이 곧 얻는 것
버릴수록 모든 게 가벼워지고
버릴수록 이 하루가 행복한 거라고
사람들 입을 모아 얘기하지만
당신을 내 안에 들이고 싶어
나는 오늘도 몸살을 앓습니다

가벼워진다는 것
그것은 내 안에서
당신을 몰아내는 게 아니라
내 안에 가득 들이는 것임을
당신의 기억으로 채워가는 것임을
속삭이며 속삭이며 바람이 붑니다

꽃향기 수첩

그대를 떠올리면
향기가 난다

베란다 가득 물 젖은 행운목에도
방울방울 그대 닮은 향내가 있고

폴폴 날리는 보이지 않는 먼지 속에도
그대는 방향제처럼 흔들거린다

하루를 여는 맑은 마음 앞에
생각만 해도 꽃피는 웃음

그대를 품은 나의 가슴은
언제나 아름다운 꽃향기 수첩이다

지금은 연애 중

여자라고는 나밖에 없다며
입에 발린 소리를 하는 남편
예전에도 현재도 미래에도 그럴 거라며
멋없는 말로 멋있는 척
얼마나 재미없는 생이면
한 여자만 알고 살아갈 수 있는지
문풍지가 대신 울고 간다
어린 시절 처마 끝
거꾸로 매달린 고드름처럼
쨍한 이야기 하나는 달랑거릴만한데
바람 샐 틈 없이 철벽옹호다
그러며 하는 말
연애할 때도 불러보지 못한 오빠라고 한 번 불러보라나
세상에서 제일 부러운 것은 오빠 소리 듣는 일이라며
여보 소리도 해보지 못한 숙맥인 나를 오늘도 조른다
얼마 전 친구들 모임에서 오빠라고 부르던 닭살 커플
부러운 눈으로 쳐다보던 눈빛 떠올라
코 평수를 크게 늘려 코맹맹이 글자로
오~~~빠 홍이 오빠
겨우 한 줄 써놓고 얼굴 붉힌다
나는 지금 시와 연애중이다

비 오는 창가에서

스무 살의 옛날로 돌아가는 날
그대 대신 바람이 내게로 와
잊어버리렴
목 쉰 소리를 내려놓았다
나 대신 울먹이던 빗방울 소리
서서히 온몸으로 흐느껴 울다
어느새 통곡으로 변하여 가고
바람과 비 그 사이엔
우두커니 서 있는 우체통 하나
부서진 우산 되어 버려져 있다

밤바다에서

사랑한다는 말이 다시 돌아와
발끝에 머무는 겨울바다

인적 없이 깊은 이 바다에
하얗게 쏟아지는 달빛처럼
네게로 가는 길은 아픔이었다

여러 날 동안 두고두고
가슴을 후비며 지나가는
거대한 물빛 슬픔이었다

사랑하는 일에 힘들어지고
살아가는 일에 지쳐만 가는
마흔 하나의 초라한 일상

어둠 속에서 포효하는 파도를 따라
나는 한없이 울고 있었다
아무도 모르는 눈물 하나
바닷속에 텀벙 빠트리고 있었다

그래도 끝없이 차오르는 설움
다시 또 밀려드는 물결 같은 설움

너에게 가는 길은 포말로 부서져
사방이 모두 상처투성이다
보이는 곳 모두 그리움 투성이다

낙엽의 노래

바람이 지나간 자리에 수많은 목소리가 새겨지고
힘에 지치도록 침묵하는 오늘
가슴 아픈 이야기조차 잊어진 발걸음엔
나그네처럼 긴 서러움이 있겠다

아름다움을 꿈꾸어 오던 예전 마음이
갈대를 흔드는 바람만큼 살아나
가까운 사람의 잃어져가는 순수를
슬플 대로 고이 지키고 싶은

빈 하루
오고 가는 길목에서 나의 언어가 손짓하고
섬처럼 멀어진 우리들의 시간
모두 잊혀진 것도 아닌 그리운 얼굴 위엔
기다림처럼 긴 추억이 있겠다

3월의 바람

어디선가 숨어들어 온 근심 걱정 때문에
겨우내 몸살이 심했습니다
흰 눈이 채 녹지 않은 내 마음의 산기슭에도
콜록거리며 햇살이 들고
바람이 종종 잔기침을 하는 오후
당신은 어디서 보이지 않게 꽃을 피우며
나의 양지를 찾아오는지요
혼자서 길을 가다 보면
멀리서도 나를 흔드는 당신이 계시기에
나는 깊은 밤에도 잠들 수 없는 삼월의 바람

어둠의 벼랑 끝에서도
노래로 일어서는 3월의 바람입니다

옆구리

그 남자
감기에 걸려 콜록거리는 여자를 데리고
생선구이 집에 갔지
잘 익은 영광굴비 등뼈도 발라내고
내장도 발라내고
살 오른 옆구리 흰 살만을 골라
포동포동 여자 입에 넣어주곤 했지
가끔 가시에 걸려 오물거리긴 했지만
손을 움직이지 않고도 남의 옆구리 받아먹으며
그 여자 옆구리 따뜻했지
노릇노릇 구워진 생선 옆구리 내어주며
그 남자 옆구리도 덩달아 따뜻했지
서로의 옆구리 파먹는 줄 모르고
물고기처럼 순하고 둥근 눈빛 마주하며
그 남자의 옆구리와 그 여자의 옆구리는
서로의 옆구리가 되었지

꽃에게 말을 걸다

매화도 산수유도 앞다투어 피어나 말을 겁니다
이제 곧 개나리도 진달래도 손을 내밀겠지요
목련의 웃음을 주워 담으며 그에게 들려줄 사랑 얘기들
당신은 지금 준비하고 계신지요
꽃에게 말을 걸 우리의 소풍길 당신의 손잡고 걷고 싶습니다
숲속에는 새소리가 왁자지껄 일어설 거예요
어쩌면 누워있던 오솔길도 벌떡 일어나 꽃의 향기를 뿌려놓겠지요
봄의 왈츠는 언제 출까요
바람의 손은 참으로 부드러울 것 같아요
측백나무도 목련나무도 회화나무도 모두들 준비가 되었나봐요
서쪽에도 북쪽에도 우리집 안뜰에도 연초록 그늘이 놀러왔어요
이제 당신만 함께하면 준비 완료
꽃에게 말을 걸며 우리의 이야기 꽃피워 봐요

벚꽃 진 뒤에

어젯밤 그 무서운 천둥 번개에
발아래 꽃잎이 하얗습니다
남편은 전쟁이 난 모양이라며 농담을 하고
나는 무언가 무서워
이불을 머리끝까지 덮고 말았는데
밤새 꽃잎은 제 몸을 비워내
땅끝마을 구석진 세상까지
꽃의 마음을 전해주었나 봅니다
떨어져서도 향기로운 사랑의 말로
온 밤을 하얗게 수놓았나봅니다
바람이 부르는 소리에 눈을 뜬 아침
나는 다시 또 무언가 부끄러워
자꾸만 몸을 움츠립니다
꽃이 되지 못한 슬픔 하나로
멀리 아주 멀리 떠나와 버린 내 어젯날
후두둑 져버린 사랑 하나를 품에 안으며
떨어진 꽃잎에 그리움 묻습니다
지금은 남이 된 쓸쓸한 사람이여
이제야 나는 사랑을 조금 알 듯 싶습니다

가을 연인

당신과 함께 한 그 숲에는
가을이 먼저 호수에 잠겼습니다
오래도록 내 옷깃을 잡고
당신을 아리게 하던 그 외로움조차
물속으로 감겨드는 황홀한 시간
단풍나무 잎새에 또 하나의 물이 들듯
당신의 가슴에 나의 마음도 젖어들었습니다
사랑하지 않고는 지나칠 수 없는
그리워하지 않고는 살아갈 수 없는
내 가을 속으로 걸어오는 이여
당신과 함께한 그 바람 당신과 함께한 그 햇살이
살아가는 내내 두고두고 캄캄한 길을 밝히겠지요
당신의 입술이 포개어진 듯
달콤하게 익어가는 풍경 사이로
눈이 부시도록 밀려오는 따스한 사랑
오래오래 나를 물들이겠지요
이 가을에 나는 당신을 만나
숲으로 숲으로 걸어갑니다
당신이 보내오는 결 고운 노래같이
다정한 언어를 가슴에 품고
더 많이 더 깊게 물이 든 채로
당신의 숲속으로 걸어갑니다
당신의 품속으로 걸어갑니다

뒷모습

돌아서는 모습이 지쳐 보일 때
그때에 나는 당신을 불러
사랑합니다 크게 소리쳐 보리

살아온 내내 할 수 없었던
가슴 속 아득한 물 긷는 소리
그때에 비로소 텀벙대 보리

세월은 종종 나를 버리고
나는 이따금 당신을 버리고
당신은 가끔 꿈을 버렸지

나로 인해 굽어지는 생각들이랑
나로 인해 하얘지는 머리카락들

이제는 아픔으로 알 수 있겠네
돌아선 뒷모습 당신 마음을

5부

사랑에게 길을 묻다

신부 입장
- 아빠의 마음

배롱나무 꽃빛이 가장 붉어지기를 기다렸지만
팔월은 눈부시게 흘러간다

모든 길은 사랑으로 이어져 노랫소리가 들리고
떨리는 가슴으로 이별을 말한다

면사포를 쓰고 숨바꼭질을 할 수 있을까

나무들은 모두 초록빛을 지니고 있어
잡으려는 마음과 떠나려는 마음이
회복되지 않은 시력처럼 흔들리고 있으니

아빠 곁을 떠나는 지금
어른이 되기 위한 걸음마를 배우는 중이다
세상을 건너가는 첫 발짝을 내딛는 중이다

신부 입장은 시작되고
뜨겁게 잡은 손이 파르르 떨린다
하객들의 박수 소리 들으며
드레스를 밟지 않으려고 무용수가 되기로 한다

사랑에게 길을 묻다
– 딸아이를 시집보내며

팔월의 태양 아래
배롱나무 꽃빛이 가장 붉은 날
세상의 모든 길은 사랑으로 이어져
눈 닿는 곳마다 눈물겹고 눈부시다
아장아장 걸음마를 배울 무렵
그때도 너는 아빠 손을 잡았지
오늘 웨딩드레스 곱게 입고
다시 아빠 손을 잡은 날
파르르 떨리는 시간은 그대로인데
너는 어느새 어른이 되었구나
떨어지면 다시 새 꽃봉오릴 피워 올려
겹겹이 피어나는 백일홍 꽃잎처럼
환하디 환한 나의 딸아
이제 사랑에게 길을 물으며
네가 걸어가야 할 또 다른 세상
걸음걸음마다 축복이 함께하기를
팔월의 태양 아래
배롱나무 꽃빛이 가장 붉다

꽃은 피고 지고

– 김운상 교장선생님의 정년퇴임에 부쳐

오늘 우리의 하루는 장미꽃으로 피우겠습니다
가시 속에서도 꽃을 피우며
미덕과 사랑으로 홍익인간을 가르쳐준 당신
감사와 존경과 은혜의 마음 담아
하루 종일 까치 소리로 맴돌겠습니다

계절이 익어가고
은행 알이 점점 영글어 가듯
오늘은 오롯이 당신에게 물들어
해질녘 임진강을 껴안고 싶습니다

봉서산 자락에 부는 바람은
콩을 심어 콩을 얻고 팥을 심어 팥 거두니[11)]
당신의 가르침은 세상을 알게 하고
당신의 인자함은 사람을 알게 하고
당신의 자상함은 사랑을 알게 하여
오래오래 이 길목을 서성일 것입니다

건강인 지성인 창의인 세계인
서른여섯 해를 희망으로 키우시고
꿈을 꾸게 만든 당신

---

11) 파주 문산중학교 교가 중 일부

오늘 우리의 사랑 고백은 당신에게 바칩니다

말로는 다 못할 가득한 이 향기
영광의 꽃 한 송이 고이 받아 주소서
존경의 꽃 한 송이 오래 피어나소서
다시 만나게 될 새로운 길 위에
더 큰 축복으로 함께한 우리
꽃은 피고 지고 다시 또 핍니다

여기 다시 모여서

- 17차 총동창회 동문화합체육대회에 부쳐

하늘도 물들고 산도 물들고
보이는 것 모두가 물이 드는 가을날
청라중학교 동문들 모여
성주산 정기 함께 받는다

보아라 친구들아 이 많은 얼굴
이 많은 기쁨과 가득한 이 설렘
살아온 길 사는 길 서로 달라도
가슴으로 번져오는 이 깊은 우정을

사는 게 조금 힘들면 어떠랴
사는 게 조금 버거우면 어떠랴
마음을 기대고 함께 걸어갈
따뜻한 친구 우리에게 있고
선배를 존중하고 후배를 사랑하는
멋쟁이 동문들 이렇게 많으니

교정을 떠난 지 수십 년이 지나
꽃이 되고 나무가 되고 산이 되어서
다시 또 만나는 동문들이여
그 하늘 그 거리 그 시절로 돌아가
오늘은 우리 마음껏 웃자

가슴속에 그려놓은 그 멋진 추억
함께 나누며 더 크게 웃자

차령산맥도 청라저수지도
오늘은 모두 춤추는 날
우리들 여기 다시 모여서
한 마음 한 뜻 되어 어울리나니
그 이름도 푸르다 청라중학교
그 마음도 고웁다 청라인이여

사랑의 폴더를 클릭하며

– 윤지와 희찬이의 결혼에 부쳐

사랑의 언어를 가슴에 담아
부부의 인연으로 함께서는 오늘
새 출발의 길목에 선 너희들에게
우리 모두 축복의 박수를 보낸다

부모의 품을 떠나
오롯이 한 가정을 이루는
듬직한 사위 그리고 예쁜 딸아
너희들이 사랑스럽고 대견해
우리는 서운함보다 기쁨이 앞서는구나

배롱나무 꽃빛이 가장 붉어지는 8월
백년만의 더위 속에서 뜨겁게 익힌
너희 둘의 사랑 꽃이
오래오래 두고두고 피어나리라 믿는다
서로 존중하고 서로 아껴주며
아름다운 부부로 살아가리라 믿는다

사랑은 바라만 보아도 물이 드는 것
곁에만 있어도 꽃물이 드는 것
윤지와 희찬이
너희 둘이 만든 사랑의 폴더를 클릭하며

우리도 함께 물이 드는 고운 날
손을 모아 축복의 기도를 드린다
마음 모아 축복의 노래를 부른다

사랑하는 사위 예쁜 딸아
부디 행복하게 살아다오
너희 둘의 그 아름다운 미소
사랑으로 물들어 기쁨으로 살아다오
사랑으로 물들어 행복하게 살아다오

- 2018년 8월 25일 엄마가

사랑의 꽃밭
- 신부님의 팔순을 축하드리며

꽃 등불 밝힌 이 자리에
사랑의 꽃이 피어납니다

꿈 많던 스무 살 청년의 시간 지나
서른의 뜨거운 열정도 지나
회색빛 고희의 흔들림을 거쳐
오늘 산수연의 시간
뿌리도 줄기도 잎도 열매도
모두 다 내어준 당신의 사랑으로
팔월의 꽃밭은 향기롭습니다

비에 젖은 꽃도 일으켜 세우고
가난한 사람들도 손잡아 주시고
당신의 눈길 닿는 곳마다
기도로 이어진 사랑의 나날

살아온 팔십 평생 일궈놓은 꽃밭에
우리들 모두 기쁨으로 모여
오늘은 당신을 찬미합니다
오늘은 당신을 축복합니다

미수도 백수도 천수도 누리소서
오래오래 건강히 남은 생을 보내소서

턱없이 부족한 우리들의 노래를
그러나 지상에서 가장 아름다운 노래를
주님도 함께 귀 기울여 듣고
저토록 파란 하늘 펼치고 있는 날

당신의 큰 사랑 큰마음 안에
사랑의 꽃들 피어납니다

꽃피우는 어머니

어릴 적 봄날의 시작은 돌담을 따라 냉이가 눈에 띌 때부터였지요 나물로 무쳐 먹던 그 냉이가 어떻게든 살아남아 여린 줄기 위에 다닥다닥 꽃을 피우면 어머니는 냉이꽃보다 하얀 웃음으로 봄을 건너가고 우리는 겨우 눈물을 참아내곤 했었지요

요즈음도 봄이 오면 잴 수 없는 희망으로 속으로만 울던 모습에 마음이 아프고 우리를 품어주던 그 모습이 사각 틀에 갇혀있음을 생각하면 옛날로 다시 돌아가 어머니 곁에 꽃 한 송이 피워 놓고 싶습니다

그런데 어머니 살아가는 일은 얼마나 고단한 일인지요 오늘은 다시 모래바람 불어오고 읽혀지지 않는 책장 속에도 흙먼지 가득한데 꽃피우는 일은 언제쯤 가벼워질까요

매일 투덜거리며 집밖을 나서다 멀리 바라볼 수 없어 내려다 다 본 발밑, 겨우 뜬 눈 사이로 꽃피우고 있는 냉이를 만났습니다 시골집 돌담 사이보다 더 비좁은 보도블록 틈새에 여린 몸을 세우고 세상을 향해 소리치고 있는 냉이꽃을 만났습니다

주저앉아 가만히 들여다보았지요 참아내야 하는 멀미처럼 서로를 지탱하며 피어있는 꽃 힘들어도 포기하지 말고 이렇게 꽃피워보라고 땅속의 어머니 냉이꽃으로 피어난 걸까요 멀리서도 꽃피우는 맑은 꽃 한 송이

종금 씨

해당화 피고 지는 섬마을에서
뭍으로 나온 지 수 십 해
악다구니도 써보고 순종도 하다
반은 잃고 반은 남은 자식 건사에
무릎도 허리도 망가졌다
인공관절에 의지하면서도
텃밭의 마늘은 굵어가는데
급한 대로 잘라버린 디스크는
잔불이 남아있는 논두렁처럼 불씨가 튄다
어디로 번질지 모를 고통을 감추면서
오늘도 웃고 있는 여든여섯의 소녀
폐 한쪽에 찾아든 종양은 도려내지도 못하고
약 한 번 못쓴 채 해는 기우는데
얼마나 더 참아야 아침이 오는 걸까
잠 못 이루는 목련의 눈가가 짓물렀다

엄마 학교

학교라고는 다닌 적 없는 울 엄마
세상 돌아가는 이치는 어찌 그리 잘 아는지
모내기를 할 때도 감자를 심을 때도
고추밭을 맬 때도 모두 알고 계셨네
거머리에 물렸을 땐 어찌해야하는지
호미에 손을 다쳤을 땐 무엇부터 해야 하는지
아무도 알려주지 않은 것들을 줄줄 아셨네
아랫마을 갈 때는 웅덩이를 조심하고
세 번째 초록대문을 지날 땐
컹컹 짖는 개를 조심하고
그 아랫집 처마 밑엔 벌떼를 조심하고
이름 석 자도 쓸 줄 모르는 울 엄마는
그렇게 우리를 키우셨네
나 고등교육을 받았지만 세상을 모르겠네
1등만 기억하는 이 현실은 이기는 법만 가르치네
내게는 뒷동산이 있고 풀벌레가 있고
아침 이슬이 있고 저녁노을이 있고
함께 바라볼 친구가 있는데
내 아이들 곁엔 아무도 없네
높아만 가는 빌딩숲
그 숲속에 번지는 공포의 그림자만
대낮의 도시를 기웃거리고 있네
옛날의 엄마는 사라진지 오래네

해맑게 만나자

- 윤후, 윤아 첫돌에 부쳐

해맑게 만나자 생명의 축복이여
햇살은 모두 이 거리로 달려오고
우리들 여기 마음 모았다

내딛는 걸음걸음마다
10월의 노래 사뿐히 내려앉아
사방이 온통 즐거운 오후

사랑이라면 더욱 뜨겁게
기쁨이라면 더욱 환하게
행복이라면 더욱 포근히
이 거리에 불어다오

무엇이든 다 받아들이리
무엇이든 다 기원해주리
한마음으로 모여든 오늘 이 자리
손을 잡으면 다시 우리가 되고
우리는 모두 한 가족 아니냐

좋은 일 기쁜 일 즐거운 일
네가 걷는 세상의 발자국엔
알록달록 무지개길 희망이 찍히고

햇살을 익히는 넉넉한 기쁨
오늘처럼 곱게 쏟아져내리렴

사랑한다 윤후야
사랑한다 윤아야

첫 발자국
- 주경이 첫돌에 부쳐

사랑한다는 것은 아름다운 것
네가 걷는 첫 발자국 첫 출발 위해
우리들 하나 되어 색동옷을 입는다

보아라 주경아
이 많은 얼굴
엄마의 엄마에 또 엄마부터
아빠의 아빠에 또 아빠까지
삼촌도 이모도 언니도 오빠도
모두 다 손 모으며 기원하는 이 마음

세상으로 향하는 너의 첫 발자국
아장아장 걸어가는 너의 걸음걸음마다
우리들 모두 희망의 씨 뿌리고
우리들 모두 축복의 손 모으리
네가 보는 이 세상 눈높이마다
우리들 모두 기쁨의 종을 달리

가을 햇살이 곡식을 익히고
가을 단풍이 마음을 물들이듯
지금처럼 예쁜 주경이의 웃음이
이 세상 모든 것 반짝이게 하기를

이 세상 모든 것 아름답게 하기를

이 좋은 오늘
이 고운 시간
너 태어난 첫돌 첫 걸음 위해
우리들 여기 모여 꿈길을 펼친다
브라보 이주경 파이팅 이주경

은혜로운 칠순

- 김소엽 교수님의 칠순을 축하드리며

당신이 지나온 길은 맑았습니다
이 세상 아주 큰 슬픔 조차도
당신의 손에 닿으면 치유가 됩니다
작은 것들도 소중히 여겨
풀잎 하나도 초록으로 숨 쉬게 하고
밤새 씻은 이슬 담아
새 아침을 기도로 여는 당신입니다
나의 나 됨을 버리고
오직 주님만 영접하며 살아온 칠십 해
그 많은 햇살과 그 숱한 바람과
그 좋은 만남과 그 아픈 이별이
마음 끝에 닿아서 인연이 되었듯
당신과 함께한 사람들의 이름이
따스한 기운으로 가득합니다
반짝이는 별로 떠 있는 당신
사막에서도 길을 찾아내는 당신
오늘 살아있음에 감사하고 감격하며
외로워하지도 원통해 하지도
절망하지도 않았기에
주님은 늘 당신 곁에서 함께했습니다
이웃과 더불어 넉넉히 사랑 나누며
감사와 기쁨으로 살아왔기에

우리는 늘 당신 곁에서 함께했습니다
이 세상 끝 아주 멀리에서도 반짝일
한없이 은혜롭고 자애로운 당신
턱없이 부족한 빈곤한 언어로
그러나 가장 단내나고 향기 나는 말로
오늘은 당신을 노래합니다
오늘은 당신을 찬양합니다

스토리가 있는 여자

– 『여자를 위한 사장 수업』 출간에 부쳐

바람이어도 좋아라
물이라도 좋아라
우리들 모두 한마음 되어
한뜻으로 기원하는 이 맑은 날

스토리가 있는 여자 스타일이 있는 여자
김영휴 대표의 웃음소리 들으며
“여자를 위한 사장 수업” 축하해주리

로맨틱한 사랑을 꿈꾸게 하고
여자를 더욱 아름답게 만들고
세상에서 가장 아름다운 나를 만들어주는
씨크릿우먼 헤어웨어를 입고
가장 우아한 모습으로 박수쳐주리

사랑한다는 것은 아름다운 것
다시 설렘을 느끼게 한다는 것
그리고 행복해진다는 것

여자를 위한 여자에 의한 여자의 선택
내 안의 또 다른 나를 찾아
오늘도 도전하는 아름다운 시간

앞 못 보는 사람에게도 이 모습 보이게 하고
듣지 못하는 사람에게도 이 소리 들리게 하고
말하지 못하는 사람에게도 이 얘기 전해주며
스토리를 만들고 스타일을 만들어가는 여자

지금 이 순간 당신의 웃음이
이 세상 모든 것 반짝이게 하고
이 세상 모든 것 아름답게 하나니

끝없는 설렘 그 놀라운 기쁨
한마음으로 다 함께 기원해주리

씨크릿우먼 헤어웨어를 입으면
바람이어도 좋아라
물이라도 좋아라

사랑으로 하나 되어

먼 길 돌아서 하나가 되는 오늘
사랑의 빛을 찾아
얼마나 간절한 기도가 있었기에[12)]
인연의 향기 이토록 아름다운가

세상의 모든 아름다운 것들
어여쁘디 어여쁜 향기 나는 것들
그대 둘이 품어내는 사랑에 비기랴
그대 둘이 담고 있는 기쁨에 비기랴

그 사랑의 언어를 가슴에 담아
부부의 인연으로 함께 서는 오늘
길었던 품속의 여정들을 접고[13)]
사랑으로 하나 되는 언덕을 바라보라

두 사람 하나 되어 걸어가는 길
서로를 위해 등불이 되고
서로를 위해 희망이 되어
세상에서 가장 아름다운 꽃이 피리니

---

12) 김경수 시인의 「인연의 향기」 중
13) 김경수 시인의 「인연의 향기」 중

한 송이 수련처럼 아름다운 신부여
믿음으로 함께 하는 늠름한 신랑이여
오늘은 그대 그대들의 날
더 많이 더 깊이 서로를 아껴주며
사랑으로 하나 되어 물들어가라[14]

14) 최옥향 시인의 시에서 인용

아버님 영전에서

– 둘째 며느리 올림

천만 송이 국화꽃을 제단에 바쳐
아버님 가시는 길 밝히옵니다
천리향 멀리멀리 피어나는 향불
벗 삼아 친구 삼아 가시옵소서

일흔여섯 해 무거웠던 아버님의 짐
모두 다 훌훌 털어버리고
이제는 가벼이 가시옵소서
가시는 걸음걸음 가벼우소서

네 아들 딸 하나 사위 며느리
손자 손녀 친지들 모두 모여서
어머님 손잡고 기원합니다
아버님 가시는 영면의 길
극락왕생하시기를 기원합니다

제례를 올릴 때마다 맺히는 슬픔
조문객의 발길마다 밟히는 눈물
아버님 모두 다 지켜보고 계시지요
아버님 모두 다 바라보고 계시지요

북망산천 떠나는 길 쓸쓸하지 않게

여기 모인 우리들 술 한 잔 올립니다
여기 모인 우리들 향불 하나 피웁니다
힘들고 아픈 기억 모두 다 버리고
아버님 편히 눈감으소서
아버님 편히 잠드오소서

우리는 한 가족 한마음 한뜻
천국에 가시거든 들려주세요
아버님 햇살로 다시 오시고
아버님 바람으로 다시 오시고
아버님 매일 아침 새소리로 찾아오세요

보이는 곳곳마다 아버님의 미소
들리는 곳곳마다 아버님의 음성
사랑합니다 아버님
고맙습니다 아버님

* 2012년 10월 28일 아버님 흙으로 돌아가시던 슬픈 그날, 화장실에 앉아 울며 썼던 끼적임을 퇴고 없이 기록한다. 이 엉성한 끼적임조차도 가장 솔직한 고백이므로 영글지 못한 여물지 못한 글귀일지라도 아버님 땅에 묻으며 읽어드린 가장 진솔한 슬픔이므로…….

아버님 사랑합니다
- 시이모부님 칠순을 축하드리며

바쁜 날도 힘겨운 날도
세상이 시끄러워 고달픈 날도
아버님은 늘 웃으셨습니다

어린 사남매의 내일을 위하여
달빛 아래서 혼자 서성이며
눈물조차도 별로 뜨게 만들고
어둡고 긴 터널 속에도
한 줄기 햇빛을 보내셨습니다

보이지 않는 곳에서
눈이 되어 앞장서고
들리지 않는 곳에서
귀가 되어 찾아가고
차마 말 못하는 곤란한 때에도
우리의 입이 되어 살아온 칠십 해

어린 것들 이제 어른이 되어
감추어둔 술잔 속의 눈물을 봅니다
찰랑거리는 기억들 저편
아버님의 쉰 목소리를 듣습니다
들으려 하지도 않고 들리지도 않던

아버님의 지친 발자국을 봅니다

뿌리도 줄기도 잎도 다 내어주고
오늘도 잘 자라라 물을 주는 아버님
세상에서 오직 한 분이신 아버님

아버님의 그늘 및 사남매 여기 모여
손 모아 마음 모아 축원합니다
희수도 미수도 백수도 누리소서
천수도 만수도 우리 곁에 하소서
사랑합니다 아버님 고맙습니다 아버님

응원가

- 수능을 100일 앞둔 아들에게

아들아 밤이 깊을수록 새벽은 멀지 않단다
아무리 큰 고통이라도 지나고 나면 그뿐
진흙 속에 발이 담겨있는 캄캄한 오늘도
내일은 새로운 햇볕을 안고 산다
장맛비 쏟아지는 이 여름날
잠시 귀 기울여 세상을 바라보아라
펼쳐진 우산처럼 둥근 이야기가
빗방울 소나타로 들려올 것이다
소란하지도 막막하지도 않게
열아홉의 가슴에 피어나는 음률
오직 하나
아들아 우리는 묵묵히 응원할 뿐이다
밤이 깊을수록 새벽은 멀지 않단다

시詩의 연鳶

허공으로만 날아오르던 가벼운 것들이
가슴속으로 들어온 날
불면의 시간을 견디고 다시 걷는다
오래 걸은 골목에
꽃신 신고 따라 오는 샛바람
사랑을 품고 걷는 날은
상처에도 향기가 피어나는 것일까
새살에서 다시 피가 돈다
걷기도 힘들던 기억들이
딱지 진 무릎에 살내음 풍긴다
천 갈래 마음 끝 그 길 위에서
한 폭의 연으로 날리는 시심詩心
얼레에 감긴 실 모두 풀리고
색동치마연 하늘로 날아오르면
그대 시詩여 너도 내 품에서 날아오를까
나도 너를 따라 날아오를까
가벼운 것들이 세상을 빛낸다
가벼운 것들이 이 세상을 밝힌다

새해의 소망

다시 꿈꾸게 하소서
잃어버린 어제를 탓하기 전에
새로운 내일을 끌어안게 하소서
가장 깨끗한 마음으로
당신 안에서 기도하게 하소서

믿음을 저버린 오늘이지만
다시 한 해를 마감하는 날에는
내 안에 당신이 웃음 짓게 하소서
당신의 노래를 기꺼이 부르는
노래하는 나무로 살게 하소서

하루의 맺음새를 정갈히 하여
당신의 음성이 들리게 하시고
또렷한 말씀 고이 받아
한 줄의 시를 쓰게 하소서
당신에게 가 닿는 마지막 날
한 권의 시집을 바치게 하소서

작품해설

이미지화를 통한 추상의 알레고리 재현

김 순 진(문학평론가 · 고려대 평생교육원 교수)

작품해설

이미지화를 통한 추상의 알레고리 재현

김 순 진(문학평론가 · 고려대 평생교육원 교수)

이연분 시인은 이상하게도 사물에 대하여 거의 다루지 않는다. 대부분의 시인들은 '안경이나 신발, 도마나 가방'에 대하여 눈을 돌리는데 반하여 이연분 시인의 시적 관심은 오직 사람의 마음에 둔다. 그래서 이연분 시인이 써내고 있는 대부분의 시편들에서 일관되게 보이고 있는 현상은 추상어들의 이미지화다. 말하자면 추상어들의 이미지화 작업을 통하여 알레고리를 형성해나가는 것이 이연분 시인의 시에 나타나는 두드러진 특징이라 말할 수 있다. 추상적 관념을 이미지화한다는 것은 오래도록 시를 써오지 않고서는 어려운 일이다. 특히 알레고리 기법을 통해 추상을 이미지화하고, 거기에서 은유를 생산해내는 것은 매우 고도의 시적 기술이다. 이연분 시인은 산에 든 꿩, 새둥지, 도라지꽃, 이끼, 잡목 같은 데 관심을 두는 것이 아니라, 숲과 하늘, 그리고 산의 능선이 지니는 아름다움, 앞에 서 있는 산과 그 뒤에 서 있는 산의 명암, 그리고 더욱 먼 거리에 있는 산의 원근이 지니는 농도에 반응한다. 말하자면 인간의 삶을 형성하는 자식과 부부, 부모와 고향 같은 긴 알레고리 속에 자신을 포함시킨다. 때문에 이연분의 알레고리는 그 상세함에서 은유보다 길게 지속되어 더욱 충만한 의미를 담고 있다. 일반적 유추가 이성이나 논리에 호소하는데 반해, 이연분의 알레고리는 상상에 호소한다. 일반적으로 은유가 단어나 문장에 사용되는 개념이라고 한다면 알레고리는 이야기 전체를 말하는 것으로 훨씬 큰 범위를 지닌 개념이라고 할 수 있다. 따라서 이연분 시인의 시는 단순한 작업이 없다고 해도 과언이 아니다. 이연분의 모든 시편들은 사랑이라는 대명제를 바탕에 깔고 있어서, 이순에 가까운 삶을 살아오면서 가슴 속에 맺힌 한恨을 얼마나 오래도록 지속해 생각해왔느냐가 관건이 된다. 그리하여 그리움에 대하여, 이별에 대하여, 사랑에 대하여 지속적으로 상상의 폭을 확장해왔느냐에 초점을 맞춘다.

시편을 읽은 소감을 미루어 말한다면, 이연분 시인의 가슴 속에는 한이 많이 들어있다. '한恨'이란 우리 한민족에게 대표되는 보편적 정서情緖인데, 이는 이연분 시인을 고독하게 만들고, 더욱 외롭게 만들어서 시를 쓰지 않으면 견딜 수 없게 만들고, 끝내는 그런 멍의 화인작업을 통해 마음을 담금질해 스스로 성장하는 계기로 삼게 한다.

그럼 이쯤해서 이연분 시인의 시 몇 수를 읽으면서 이 시인의 마음세계를 여행해보자.

술 취해 잠든 남편이 고래소리를 낸다
수족관을 벗어나
태평양 어디쯤 헤엄치다가
드르렁 드르렁 코를 벌름댄다
세상 따윈 무서운 게 없다
큰소리 뻥뻥 치던 허세
깊은 밤으로 추락할 즈음
이렇게 한 번씩 고래가 되는 것은
떠나온 고향이 그리워서일까
엎어진 몸을 누이니
바다냄새가 출렁댄다
이따금씩 공중회전도 마다않고
불룩한 배를 보여준다
튀어 오를 때마다 떨어지는 물방울이
이마에 내천川자를 그리며 사라진다

–「한밤중의 돌고래 쇼」 전문

이 시는 이 시집의 표제작이다. 나는 시집 제목으로 현대시 감각의 제목을 고려해보기도 했지만, 우선 그녀가 처한 지금의 상황으로 보아, 이 시를 시집의 제목으로 추천했다. 왜냐하면 지금 그녀가 가장 중요하게 여기는 것은 남편이다. 그녀의 남편은 지금 시력을 잃어가는 중이라고 한다. 엊그제 회사에서 마지막으로 퇴근을 했다고 들었다. 얼마나 가슴이 아플까? 생각만 해도 가슴을 도려내는 듯하다. 이 시는 아마도 남편이 건강할 때 쓰여진 시로 추측된다. 나도 술에 취해 들어와 윗옷도 벗지 않은 채 잠든 적이 많다. 그러면 아내는 양말을 벗겨주거나 윗옷을 벗겨주기도 하지만, 탱크가 지나가는 듯한 코골이와 이빨갈이에 이튿날이면 아내는 밤새 한 잠 못 잤다며 퉁퉁 부은 얼굴로 원망을 하곤 했다. 그래서 이 시에 더욱 공감이 간다. 술 취한 채 잠들어 고래소리를 내는 남편을 보고 이 시인은 남편이 그녀에게 잡혀와 수족관에 살고 있는 돌고래처럼 읽혀진다. 그래서 이 시인은 남편이란 돌고래가 자기가 사육하고 있는 작은 수족관을 벗어나 자유로이 바다를 유영하게 해주는 생각도 해본다. 사랑이란 굴레의 수족관에 갇혀 사는 남편이란 돌고래. 그 돌고래는 가족들을 부양하기 위해 날마다 쇼를 해야만 했을 것이다. 생각해보니 나도 돌고래였다. 그러고 보니 제 몸이 물에 부딪는 것도 모르고 공중부양을 해서 몸을 뒤집으며, 하얀 배를 드러내 생의 파도를 일으켜야만 하는 우리네 남편들이 불쌍한 생각도 든다. 세상 아내들을 대표해서 그걸 알아주는 이연분 시인이 고맙기도 하다. 세상 남편들을 대표해서 감사를 표한다.

침대는 또 흥건히 젖었다
초경을 하는 소녀처럼 붉어진 얼굴
곤히 자는 남편이
심보 사나운 상사처럼 밉다
사사건건 트집 잡던 늙은 여우
하루에도 몇 번씩 붉으락푸르락
하긴 문을 닫는 시간이 조용하면 쓰나
여자로 살다 여자를 접는데

접시 몇 개쯤은 깨져야 정상이지
집밖을 떠돌던 남편은
어느새 토끼보다도 더 순해져서
매일매일 풀을 받아먹고
스스로 쳐놓은 울타리에서 귀를 세우는데
승천하지 못한 용 한 마리
밤마다 이불 속에서 몸을 비튼다
오늘 밤 폭우가 쏟아지리라

－「여자를 접는 밤」 전문

봉건사회에는 남자와 여자가 있었다. 근대사회에는 여자와 남자가 있었다. 그러나 현대사회에는 남자와 여자도, 여자와 남자도 없다. 젠더만 있을 뿐이다. 젠더란 무엇인가? '섹스'가 남녀의 역할을 구분 짓는다면 '젠더'는 성별 정체성이나 성별 역할이 고정불변의 것이 아니라는 관점에서 시작해 특정 상황에서 재구성되고 변화하는 것이라는 관점이라 정의된다. 그동안 이연분 시인의 성性은 여성이었다. 아이를 낳는 사람, 젖을 먹이는 사람, 앉아서 오줌을 누는 사람이었다. 젠더적 관점에서 볼 때, 여성이라는 사람은 남성을 향한 반의 숙제를 담고 산 사람이었다. 이제 비로소 이연분이라는 여자는 이연분이라는 젠더로 거듭나는 중이다. 여자를 접고 사람으로 살아가게 되는 것이다. 우리가 부모를 접고, 고향을 접고, 학교를 접고 세상에 나와 사람으로 살아갔듯이, 현대사회는 여성은 여자를 접고, 남성은 남자를 접어야 한다고 역설

한다. 그래서 빨래와 밥은 여자일, 망치질과 무거운 짐의 운반은 남자일이라는 고정관념에서 벗어나 누구나 요리할 수 있고, 누구나 집을 지을 수 있는 젠더가 되어야 하는 것이다. 중국의 속담에 "하늘의 절반은 여성이 이고 있다"는 말이 있다. 세계적인 남아선호 사상 때문에 실제로는 억압받는 여성이 너무나 많다. 그래서 여성의 문제를 여성의 시각으로 보는 페미니즘이란 문예사조가 생겨난 지 오래다. 그동안 우리는 여성의 시각에서 사회를 보아야 한다는 페미니즘이란 아이러니에 갇혀 있었다. 페미니즘이란 무엇일까? 국어사전을 찾아보면 "여성이 불평등하게 억압받고 있다고 생각하여 여성의 사회, 정치, 법률상의 지위와 역할의 신장을 주장하는 주의"라 나와 있다. 여성은 은연중에 암묵적으로, 지속적으로, 우리도 모르는 사이에 차별을 당해왔다. 밥 짓기를 강요하는 것부터가 차별이다. 빨래와 다리미질을 시키는 것은 관습이라는 명목의 차별이었고, 특히 화장실 청소를 시키면서 똥 묻은 종이를 비닐에 넣어야 하는 차별은 남자라는 권위의식 속에서 강요된 차별이었다. 그런데 나를 비롯한 많은 남자들은 그것을 인식하지 못할 뿐만 아니라 그걸 개선할 의지도 없었다. 왜 그랬을까? 그것은 학교로부터 성의 정체성에 대하여 교육 당했기 때문이다. 이제 젠더화된 사회를 추구해야 한다. 화장하는 남자가 늘어나고, 핸드백 메는 남자가 늘어나도 웃지 말아야 하며, 오토바이 타는 여자나 밥을 할 줄 모르는 여자를 인정해야 하는 것이다. 그런 점에서 아쉽긴 하지만, 여성으로부터 젠더로 등극하고 있는 이연분 시인에게 축하를 보낸다.

결혼한 지 20년이 넘도록 우리의 휴가는 친정으로 시댁으로 문안 인사를 가는 것입니다 집안의 큰일이나 명절 때 말고는 찾아뵙지 못하는 죄스러움이 뜨거운 햇살로 쨍쨍 내리쬐어 올해의 여름도 익어갑니다 엄마 이번에도 할머니 집이야?₩ 누구는 마닐라로 3박4일 떠났다 그러고 또 누구는 세부에서 스쿠버다이빙 무료강습을 받는 중이고 또또 누구는 베트남 북부의 명승지 엔뜨 국립공원을 거닐고 있는 중이라고 친구의 이름이 몇 번이나 불려지는 사이 우리는 서해안 고속도로 위에 발이 묶입니다 해외로 빠져나가지 못한 피서객들 사이에서 제법 근사한 바닷가라도 가는 양 썬크림을 덧바르기도 하고 쪼리 사이에 삐져나온 발가락을 고물거리기도 합니다 해마다 여름은 이렇게 물러가고 우리의 휴가도 내세울 것 없이 지나가지만 옥수수 잎을 스치는 바람 냄새 온몸에 감겨드는 서늘한 밤에는 봉숭아 꽃잎 물드는 소리 오늘도 도란도란 들려옵니다

– 「어떤 휴가」 전문

이 시를 읽으면서 찔리는 구석이 있었다. 나는 장남이란 이유로 31년의 결혼생활 동안 명절에 단 한 번도 처가에 가지 않았다. 큰아들로 아버지를 공양해야 하고 손님을 맞이해야 했기 때문이었다. 그런 과정 속에서 아내는 늘 불만이 심했다. 게다가 여름이면 고향집이 있는 포천 이동에는 물이 좋다는 이유로, 쉴 그늘이 있다는 이유

로 휴가 또한 고향집이나 고향집 근처로 갔다. 남들은 인산인해처럼 밀려드는 그 흔한 이동갈비 한 번 못 먹이고 때마다 삼겹살이 맛있다며, 안 가고 싶다는 식구들을 꾸역꾸역 조그만 타우너 승합차에 태워 이동으로 데리고 다니며 가족들의 혀를 구속하는 폭력을 구가했다. 그때 나는 휴가休暇를 휴가休家로 이해했다. '일정 기간 일을 쉬며 노는 것'을 '일정 기간 시골집으로 가서 돕는 일'로 이해했고 강요했다. 그래서 모처럼 낸 휴가 기간에 시골집으로 가서도 식구들을 밭으로 데리고 다니며 고추를 따고 풀을 뽑았다. 아마 이연분 시인의 집도 그랬던 모양이다. 이 시인의 아이들이 "엄마, 이번에도 할머니 집이야?"라고 물었던 것처럼 나는 왜 "아빠, 또 시골이야?"라는 아이들의 질문을 무시했을까? 주머니 사정이 넉넉지 않다는 이유를 대며, 아버지를 뵈어야 한다는 이유를 대며, 평소에는 불효막심하다가도 명절과 휴가 때만 되면 너무 효성스러운 척 살았던 지난날을 반성한다. 43번 국도에서 발이 묶이면 네댓 시간이 족히 지나갔던, 에어컨이 잘 안 나오는 타우너 승합차에 갇혀 지루하고 짜증스러운 여름 생각에 몸서리를 쳐본다.

살다보면 때론
온몸으로 비를 받아내야 할 때가 있다

이미 젖어버린 저녁이
아무 일도 아니라는 듯 저무는 밤
제발이라는 기대는 얼마나 부질없는 슬픔인가

뒷문으로 들이치는 비바람은
엄마의 부고를 적시고
또다시 앞문으로 보내야 했던 딸의 결혼식

생의 한 부분이 움푹 패인 것 같은 시간 속에서
간밤의 폭우를 견디고
머리를 풀고 선 버드나무처럼

살다보면
온몸으로 비를 받아내야 할 때가 있다

– 「폭우를 견뎌내다」 전문

이 시를 읽노라니 내 가슴에도 폭우가 쏟아진다. 폭풍우가 내린다. 태풍 속에 들어있는 듯 몸을 가늠하기 어렵다. 이연분 시인의 딸아이 결혼식 날은 그녀의 친정어머니가 돌아가신 장례일이이었다. 나는 두 곳을 모두 다녀왔다. 어떤 사람은 장례식장에 다녀온 사람은 결혼식장에 가면 안 된다고 한다. 그건 모르는 사람의 말이다. 딸의 결혼식과 어머니의 장례식이 같은 날인데, 나는 축복을 위해 슬픔을 무시할 수는 없었다. 슬픔을 위로하기 위해 축복을 미룰 수도 없었다. 지금도 그때 생각을 하면 퉁퉁 부어있는 이 시인의 얼굴이 생각나 눈물이 고인다. 태풍이 올라와 비가 억수처럼 내리던 날 밤 나는 보령으로 차를 몰았다. 오지 말라는 이연분 시인의 만류와 그냥 돈이나 보내고 내일 결혼식에나 가라던 주변 사람들의 만류를 뿌리치고 나는 폭우를 뚫고 상가로 향했다. 그리고 거의 새벽녘이 되어서야, 딸아이의 결혼식을 준비해야만 하는 이연분 시인 부부를 차에 태워 데리고 서울로 올라왔다. 나는 그래야 한다고 생각했다. 내가 그렇게 할 수 있다고 생각했다. 그게 사람 사는 이야기라고 생각했다. 그게 사람다운 사람의 행동이라고 생각했다. 적어도 나는 그렇게 생각한다. 이 세상은 마음이 시키는 대로 하는 것이다. 이연분 시인은 "살다 보면 / 온몸으로 비를 받아내야 할 때가 있다"고 말하지만 여기서 비는 단순한 비가 아니라, 눈물이다. 폭우처럼 쏟아지는 눈물을 비라는 시어로 제유하는 것이다. 그렇게 폭풍우가 지나가고 이젠 맑은 날이다. 가슴은 여전히 젖어있지만 무지개 뜬 언덕이 보인다. 인생의 푸른 초원을 걸어 나가는 딸의 부부가 보인다. 폭풍우를 견딘 초원은 더욱 푸르다.

돌아가신지 30년도 지났지만
사진 속 아버지는 아직 그 모습이다
그 씨앗으로 자라난 콩 줄기나
그 콩의 콩깍지는 모두 늙어 가는데
어쩌자고 아버지는 그대로일까
수신되지 않는 거리
안테나 높이 뽑아들고
스마트폰으로 사진을 전송하면
팔순의 어머니도 나 몰라라
머리숱 다 빠진 오빠도 누구신지요

애 셋 낳은 펑퍼짐 아줌마 내 모습도 몰라보고
아버지는 종일토록 헷갈리실까
흑백으로만 얘기되는 세상 속에서
짧은 생을 마감한 당신

아버지 친구 추가 한 번만 눌러주세요
가족사진 한 장 카톡으로 보내렵니다

- 「카톡 친구, 한 분 추가하고 싶다」 전문

참 살기 좋은 세상이 되었다. 손안에 휴대폰 하나면 음악도 듣고, 사진도 찍고, 인터넷 검색도 하며, 무료로 통화를 하며, 마음대로 사진을 전송할 수 있는 카톡을 공짜로, 그것도 무제한으로 보내게 되었다. 최근에 나는 뉴질랜드에 사는 수필가와 카톡으로 연락하며 그의 수필집을 발간해주었다. 미국에서도 자주 카톡이 온다. 노르웨이 피오르드에 갔다며 지인이 보내온 카톡에 동시간에 마음을 교감한다. 나는 북한의 김정은이 미사일을 자주 쏘는데 그것을 좋은 현상으로 받아들인다. 왜냐하면 미사일을 타고 미국을 30분 내에 갈 수 있는 세상이 올 수도 있으리란 생각이 들기 때문이다. 그런데 아무리 문명이 발전하고, 과학이 발전해도 이룰 수 없는 일이 있다. 그것은 죽은 이와의 교감이다. 평소에 목소리를 저장해놓으면 죽은 후에도 그 목소리를 조합하고 재생해 대화할 수 있는 세상이 온다고 하니 설레긴 하지만 그 역시 가상 대화일 뿐이다. 한 번 죽은 사람과는 대화할 수 없다. 그래서 사람들은 상상 속에서 죽은 사람을 만나기도 한다. 일본 영화 '이제 만나러 갑니다'도 그런 이야기다. 너무나 사랑하던 여자가 비 오는 날, 비와 함께 돌아온다는 이야기다. 필자는 아버지가 돌아가신 지 6년이 지났다. 이연분 시인의 아버지는 돌아가신지 30년이 지났다고 한다. 나는 어머니를 일찍 여의었고, 이연분 시인은 아버지를 일찍 여의었다. 둘 다 가슴에 아픔을 안고 살아왔던 것 같다. 딸에게 아버지는 더욱 안타깝고 그리운 존재다. 그런 아버지에게 잘 사는 모습을 보여주고 싶은 것이다. 아버지를친구로 추가하고, 카톡으로 예쁜 딸 윤지와 멋진 사위 희찬이의 사진을 보내드리고 싶은 데 그럴 수 없으니 가슴이 아플 수밖에.

비포장도로라고 망설이지 마렴
웅덩이도 지나고 돌부리에도 넘어지며
흙먼지 가득한 길을 따라가다 보면
푸른 숲 펼쳐진 초록의 길 닿으리니

우산도 받쳐 들고 눈보라도 이겨내며
우리 묵묵히 앞을 향해 걷다보면
햇살 쨍쨍한 봄날도 있으리니

더 걸어야 갈 수 있는 길이라면
더 뛰어야 닿을 수 있는 곳이라면
오늘도 우리 쉼 없이 달려가자

넘어진 친구 손도 잡아주고
상처 난 친구 소독도 해주면서
우리 함께 서 있을 먼 미래의 새 땅

벚꽃 피어나고 나비 날아드는
꽃잎의 숨결처럼 아름다울 내일 향해
다독이며 격려하며 힘차게 뛰어가자

아무리 험하고 힘든 길이라도
오늘 이 길은 내가 가야할 길
오늘 한 걸음은 꿈으로 향하는 길

- 「내가 가야할 길」 전문

이 시는 2011년 국정교과서 초등학교 6학년 『생활의 길잡이』 교과서에 수록된 시다. 교과서에 자기 작품이 실리는 것은 모든 작가의 소원이다. 그런데 이연분 시인은 시가 두 편이나 교과서에 실렸다고 한다. 정말 부럽고 존경스럽다. 가만히 읽어보니 이 시가 왜 초등학교 6학년 『생활의 길잡이』 교과서에 수록되었는지 알 것 같다. 어린이들에게 '내가 가야 할 길'에 대하여 이정표를 말해준 시다. 가만히 한 연 한 연 읽어보자. 우선 "비포장도로라고 망설이지 마렴"하고 주문한다. 인생이 어디 평평하고 고른 아스팔트길만 있을까? 때론 절벽을 만나고, 물을 건너야 하고, 가시밭길로 접어들기도 하는 것이다. 시인의 말처럼 "웅덩이도 지나고 돌부리에도 넘어지며 / 흙먼지 가득한 길을 따라가다 보면 / 푸른 숲 펼쳐진 초록의 길 닿"게 되는 것이다. 그래서 이 시인은 "아무리 험하고 힘든 길이라도 / 오늘 이 길은 내가 가야할 길"이라고 말하면서 내가 내딛는 "오늘 한 걸음은 꿈으로 향하는 길"이라고 격려한다. 자기 인생이 어떻게 될지, 어떤 직업을 가지고 살아가야 할지 모르는 초등학교 6학년, 바꿔 생각하면 가능성으로 가득찬 아이들이다. 청년들이 가장 싫어하는 말이 있다고 해서 나는 깜짝 놀랐다. 그 말은 "꿈을 가지고 도전하라"는 말이었다. 청년들은 왜 그런 말을 싫어하게 되었을까? 모호성 때문이다. 구체적이지 못하고 두루뭉술한 말이기 때문이다. 무슨 꿈을 가지고 어떻게 도전하라는 구체성이 생략된 채, 모호성으로 뒤덮인 "꿈을 가지고 도전하라"는 무얼 어떻게 해야 하는지 모르는 5포 세대, 즉 '연애, 결혼, 출산, 내 집 마련, 인관 관계'를 포기한 청년들에게 무얼로 어떻게 도전하라는 말인가? 취직을 할 수 없으니 꿈을 가질 수 없다. 그런 청년들이 늘어가고 있다. 그것은 자기가 좋아하는 일을 향해 꿈을 가지기보다 돈을 잘 벌 수 있는 직업을 가지기 위해 공부해야 하는 세태에서 발생한 결과다. 나는 이연분 시인의 이 시 「내가 가야할 길」에는 힘들고 어렵지만 자기가 좋아하는 것을 향해 나가라는 엄중하고 자상한 안내가 들어있다고 읽는다.

생활계획표를 세웠습니다
깨워주지 않아도 스스로 일어나

붉은 태양처럼 활기차라고
아침 7시 빨강색으로 칠했습니다

학교생활은 주황빛으로 가득 담고
집으로 돌아와 숙제부터 하는 시간은
노란색으로 물들였습니다
환한 내 마음에 엄마의 미소가 번졌습니다

친구들과 함께 놀이터에서 놀 때는
건강하게 쑥쑥 자라라고 예쁜 초록빛을
위인전을 읽는 독서 시간은
꿈을 향해 달려가는 파랑색으로 채웠습니다

우리 집 식구 다 모이는 저녁은
하하 호호 남색으로 꾸미고
새근새근 꿈나라를 보랏빛으로 마무리하니
나의 하루가 무지개처럼 피어납니다

빨주노초파남보 아름다운 길
나는 이 길을 날마다 걷겠습니다
알록달록 꿈꾸며 걸어가는 길
나와의 작은 약속입니다

– 「작은 약속」 전문

이 시 또한 2018년 국정교과서 초등학교 3학년 『도덕』 교과서에 수록된 시다. "정 – 말 – 부 – 럽 – 다."는 말로 격려드린다. 언제 이렇게 큰 성과를 이뤄냈는지 "정-말-부-럽-다." 우리는 흔히 인생을 두고 무지개를 찾아 떠나는 행로라고 한다. 인생을 잡힐 듯 잡힐 듯 잡히지 않는 무지개 잡기에 비유하기도 한다. 무지개는 잡을 수 없다. 현상이기 때문이다. 부모도 현상이고 부부도 현상이며 자식도 현상이다. 무지개처럼 잠깐 보여줄 뿐 내 곁에 머물러주지 않는다. 부자도 현상이고 가난도 현상이다. 상대적인 현상일 뿐, 우리는 과거에 비해 엄청난 부자가 되어 있다. 우리에게 경종을 울리는 구석기 시대의 벽화에 쓰인 글 두 가지 글이 있다. 하나는 "요즘 아이들은 버릇이 없다."는 말이다. 구석기 시대에도 아이들은 버릇이 없었나 보다. 그리고 또 한 가지는 "요즘 장사가 잘 안 된다."는 말이다. 인류가 시작된 이래로 어른들의 눈에는 늘 아이들은 버릇이 없고, 시장경제가 시작된 이래로 세상은 늘 불황이었다. 그러나 버릇없는 아이는 커서 효와 예절을 강요하는 부보가 되었고, 우리는 그런 지독한 불황을 딛고 눈부신 성장을 이루었다. 그런 예절바른 사람과 눈부신 성장의 밑바탕에는 무지개가 있다. 무지개는 꿈이다. 꿈은 현상이다. 따라서 물질을 가진 자는 소비하며, 꿈을 가진 자는 생산한다. 붉은 태양처럼 활기차라고 아침 시간은 빨강색, 주황빛으로 가득찬 학교생활, 집에 돌아온 시간의 노랑색, 친구와 신나게 노는 시간은 초록색, 꿈을 키우는 독서 시간은 파랑색, 온 식구가 함께 하는 저녁시간은 남색, 새근새근 잠드는 시간은 보라색으로 칠한다는 생각이 정말 아이처럼 해맑다. 일곱 가지 색깔을 가진 무지개는 비가 개면서 물방울에 비치는 해의 굴절현상이다. 마음이 아름다운 사람에게 굴절될 때 사람은 무지개처럼 아름다워진다. 이연분 시인처럼 마음이 아름다운 사람들이 세상의 중심에 서 있는 한 나는 우리의 삶이 더욱 아름다워진다고 믿는다.

이상에서처럼 이연분 시인의 시 몇 편을 읽으면서 그녀의 시세계를 들여다보았다. 이연분 시인은 현재 한국문인협회 평생교육원 교수로 시낭송을 가르치고 있다. 그리고 지난 1년 동안 한국방송통신대학교 국어국문학과 서울지역학생회 학생회장으로 봉사해왔다. 어떻게 당당할 수 있을까 생각해보니 그의 뒤에는 빨주노초파남보의 꿈이 있고, 한밤중에 쇼를 해주는 돌고래 남편과 세 아이가 있으며 무엇이든 한 번 맡은 일이라면 열심히 하는 열정이 있다.

이연분 시인과는 20년 지기다. 내가 처음 출판사를 차렸을 때 이 시인은 우리 사무실에 와서 시낭송을 녹음하곤 했다. 지금 우리 둘은 같은 은평문인협회 소속이다. 게다가 이 시인은 한국방송통신대학교 국어국문학과의 후배이기도 하다. 이 시인은 내가 운영하고 있는 <스토리문학> 행사에 자주 와서 시낭송을 해주었고, 나는 가끔 이연분 시인이 운영하는 뜨락예술문학회에 참석해서 시낭송을 하곤 했다. 지난 20여 년 동안 나는 이연분 시인과 함께 세상을 견뎌왔다고 해도 과언이 아닌 듯싶다. 이 시인의 양가 부모님에 대한 조사에도 먼 길을 마다하지 않고 내 일처럼 뛰어다녔고, 그녀의 경사에도 함께 기뻐하며 다녔다.

오래도록 지켜봤지만 참으로 이 시인은 마음가짐이 정갈한 사람이다. 남을 험담하거나 말을 옮기지 않고, 늘 밝은 모습으로 웃어주는 사람이다. 불의 앞에서는 굽힐 줄 모르는 선비의 기개가 있고, 남의 어려움 앞에서는 함께 감내하는 따스한 정이 있는 천상 여자였다. 그러나 나는 그녀의 미소에서 어딘지 모르게 우수가 깃들어있다는 생각을 해왔다. 그녀의 해맑은 웃음의 뒤 끝에 오는 쓸쓸함, 나는 그 쓸쓸함이 그녀로 하여금 시를 쓰게 만들고, 시낭송을 하게 만든다는 생각을 하고 있던 터다. 공허감이란 시인이 사는 집 같은 존재가 아니던가.

사실 내가 이연분 시인의 시집 작품해설을 쓴다는 것은 어딘지 모르게 걸맞지 않다는 생각을 해본다. 왜냐하면 나는 이연분 시인과 동료의 개념이 우선하기 때문이다. 하여 이 작품해설은 오직 그녀의 작품성을 증명하고 삶을 조명하는데 초점을 맞추어 보았다.

이처럼 훌륭한 시집을 우리에게 선물해주는 이연분 시인께 우레와 같은 박수를 보낸다.

이 도서의 국립중앙도서관 출판예정도서목록(CIP)은 서지정보유통지원시스템 홈페이지(http://seoji.nl.go.kr)와 국가자료종합목록 구축시스템(http://kolis-net.nl.go.kr)에서 이용하실 수 있습니다. (CIP제어번호 : CIP2020000122)

이연분 시집

한밤중의 돌고래 쇼

초판인쇄일 2020년 1월 14일
초판발행일 2020년 1월 20일

지은이 : 이연분
발행인 : 김순진
편집장 : 전하라
디자인 : 김초롱
펴낸곳 : 문학공원
등 록 : 2004년 3월 9일 제6-706호
주 소 : 우편번호 03382 서울 은평구 통일로 633
녹번오피스텔 501호 스토리문학사
전 화 : 02-2234-1666
팩 스 : 02-2236-1666
홈페이지 : http://cafe.daum.net/yob51
이메일 : 4615562@hanmail.net

※ 책값은 뒤표지에 있습니다.